LE COMBAT

POUR

LE DROIT

PAR

LE DOCTEUR RODOLPHE D'IHERING,

CONSEILLER AULIQUE ET INTIME, CI-DEVANT PROFESSEUR DE DROIT
À L'UNIVERSITÉ DE VIENNE.

TRADUIT DE L'ALLEMAND

PAR

ALEXANDRE FRANÇOIS MEYDIEU,

LICENCIÉ EN DROIT, EMPLOYÉ DE L'ÉTAT À L'AMBASSADE DE FRANCE À VIENNE.

PARIS
A. DURAND ET PEDONE-LAURIEL
ÉDITEURS
9 RUE CUJAS, (ANCIENNE RUE DES GRÈS.)
1875.

A VIENNE CHEZ G. J. MANZ LIBRAIRE-ÉDITEUR
7 KOHLMARKT.

EXTRAIT DU CATALOGUE DE LA LIBRAIRIE A. DURAND ET PEDONE LAURIEL.

9 rue Cujas (ancienne rue des Grès). Paris.

BONJEAN (Georges), Chevalier de la légion d'honneur, Avocat à la cour d'appel de Paris. — Révision et conservation du Cadastre approprié aux besoins de la propriété foncière. Péréquation de l'impôt. — Titres. — Bornages. Hypothèques. — Crédit agricole, etc. Enquête officieuse du Président Bonjean continuée et rédigée par Georges Bonjean. 2 vol. 8°. 1874. 16 fr.

BLONDEL (A.), Avocat à la cour d'appel de Rouen. — Le travail des enfants et des femmes dans les manufactures. — Etude sur la loi du 19. Mai — 3. Juin 1871 8°. 1 fr.

BONNET (Armand), Président de chambre à la cour d'appel de Poitiers, Membre du conseil général de la Vienne. — Théorie et pratique des partages d'ascendants envisagés des points de vue du droit ancien, de la législation actuelle et des réformes proposées. 2 vol. 8°. 1874. 12 fr.

BOUDOT-CHALLAYE (M.), Vice-président honoraire du tribunal de Montbrison. — Etudes sur les institutions sociales et politiques, modernes, considérées dans leurs rapports avec la propriété et l'agriculture. 4 vol. 8°. 1868—1870. 4 vol. 8°. 20 fr.

BONVALOT (Ed.), Conseiller à la cour à Dijon. — Coûtumes de la haute Alsace, dites de Ferrette. 1870. 1 vol. 8°. 8 fr.

CALVO (Charles), Membre correspondant de l'institut national de France. — Le droit international, théorique et pratique, précédé d'un exposé historique des progrès de la science du droit des gens 2ème édit. considérablement augmentée et corrigée. 1870—1872. 2 vol. 8°. 30 fr.

— — Derecho internacional teorico y pratico de Europa y America. 2 vol. 8°. 1868. 30 fr.

DEMOLOMBE (C.), Doyen de la faculté de droit de Caen. — Cours de code Napoléon. T. 1 a 28. 8°. 224 fr.
Chaque volume se vend séparement: 8 fr.
Les 27 volumes parus, contiennent les parties Suivantes.

1er livre: Traité complet de l'état des personnes; 4ème édit. 8 vol. Savoir:
1° de la publication, des effets et de l'application des lois en général; de la jouissance et de la privation des droits civils; des actes de l'état civil; du domicile (code Napol. art. 1 a 111). 1 vol.
2° de l'absence (code Napol. art. 112 a 143). 1 vol.
3° Du mariage et de la séparation de corps (code Napol. art. 144 a 311). 2 vol.
4° de la paternité et de la filiation (code Napol. art. 312 a 342). 1 vol.
5° De l'adoption et de la tutelle officieuse; de la puissance paternelle (code Napol. art. 343 a 387). 1 vol.
6° De la minorité, de la tutelle et de l'émancipation; de la majorité, de l'interdiction et du conseil judiciaire; des individus placés dans un établissement public ou privé d'aliénés (code Napol. art. 388 a 515). 2 vol.

2ème livre: Des biens et des différentes modifications de la propriété. 4 vol. Savoir:
1° De la distinction des biens; de la propriété de l'usufruit, de l'usage et de l'habitation (code Napol. art 516 a 636). 2 vol.
2° Traité des servitudes ou services fonciers (code Napol. art. 637 a 710). 2 vol.

3ème livre: Des différentes manières dont on acquiert la propriété.
1° Des successions (code Napol. art. 711 a 892). 5 vol.
2° Des donations entre vifs et des testaments (code Napol. art. 893 a 1100). 6 vol.
3° Obligations tomes 1 a 5 (code Napol. art. 1101 a 1303).

LE COMBAT

POUR

LE DROIT

PAR

LE DOCTEUR RODOLPHE D'IHERING,

CONSEILLER AULIQUE ET INTIME, CI-DEVANT PROFESSEUR DE DROIT À L'UNIVERSITÉ DE VIENNE.

TRADUIT DE L'ALLEMAND

PAR

ALEXANDRE FRANÇOIS MEYDIEU,

LICENCIÉ EN DROIT, EMPLOYÉ DE L'ÉTAT À L'AMBASSADE DE FRANCE À VIENNE.

A VIENNE CHEZ G. J. MANZ LIBRAIRE-ÉDITEUR

7 RUE KOHLMARKT.

PARIS

A. DURAND ET PEDONE-LAURIEL

ÉDITEURS

9 RUE CUJAS. (ANCIENNE RUE DES GRÈS.)

1875.

À SON AMIE VÉNÉRÉE

MADAME

AUGUSTINE DE LITTROW BISCHOFF.

SOUVENIR

D'UNE RECONNAISANCE ET D'UN ATTACHEMENT INALTÉRABLES

OFFERT

EN S'ELOIGNANT DE VIENNE.

L'AUTEUR.

Préface du traducteur.

En traduisant „le Combat pour le Droit", j'ai voulu faire connaître à mes compatriotes une brochure digne, ce me semble, de leur attention, et que Mr. le Dr. Ihering a su mettre à la portée de tous, en lui conservant pourtant son caractère scientifique.

Partant de ce principe, que le combat est une condition de l'idée du droit et une partie intégrante de sa nature, le savant auteur arrive à nous le présenter dans un morceau de psychologie légale, comme un devoir de l'individu envers lui-même et envers la société.

Tout être doit se défendre, c'est une loi de la nature; mais la vie physique n'est pas le tout de l'homme; ce qui fait sa grandeur c'est l'existence morale dont la condition nécessaire est le droit. L'homme qui défend son droit, ne lutte donc pas seulement pour un objet matériel, pour une valeur pécuniaire, sa propriété n'est qu'un accessoire de sa personne et qui entoure pour ainsi dire cette personne, et en défendant son bien, il combat pour le sentiment de sa personnalité, et pour la condition même de son existence morale.

Les conséquences de son action s'étendent encore bien plus loin. Le droit qu'il a de se défendre, n'est en effet qu'une autorisation qu'il tient de la loi, de combattre pour elle, à l'occasion de son propre intérêt. C'est donc la loi qu'il maintient en luttant pour son droit, et quelque soit le mobile qui le fasse agir, l'intérêt ou le sentiment légal, il n'en contribue pas moins à travailler à la réalisation de l'idée du droit sur la terre.

L'intérêt qui s'attache à ce combat, n'est pourtant pas exclusivement idéal. La loi est l'expression de l'ordre qui est nécessaire dans la société; celui qui la viole, s'en prend donc à l'ordre social même, et si l'État a le droit de contraindre les individus à combattre l'ennemi du dehors, il a aussi celui de les appeler à lutter contre l'ennemi du dedans qui ne menace pas moins son existence que l'autre.

C'est ainsi que partant du point de vue de l'intérêt personnel, l'homme s'élève peu à peu, sans le savoir et parfois sans le vouloir, à combattre pour la condition de son existence morale, pour la réalisation de l'idée du droit, et à remplir un devoir envers lui-même et envers la société.

L'auteur s'étant attaché dans la premiére partie de son opuscule, à réfuter la théorie de Savigny et de Puchta, sur l'origine du droit, je l'ai prié, d'après le bon conseil de Mr. Paul Gide, professeur de Droit à la faculté de Paris, de vouloir bien me donner quelques développements, de nature à mettre les lecteurs français, complètement au courant d'une théorie qui n'a jamais fait beaucoup de bruit dans notre pays. Je fais suivre ici, en traduction, la note qui m'a été remise à ce sujet, avec la plus grande obligeance.

„L'Allemagne était à peine délivrée des guerres de Napoléon 1er, qu'on vit se manifester dans le pays le désir d'une codification des lois nationales, et un des légistes les plus renommés de cette époque, Thibaut, mettre publiquement son éloquence au service de cette cause. Il n'y avait rien d'étonnant à ce que ce désir ne trouvât pas le moindre écho, parmi les princes et les gouvernements allemands; ils ne sentaient que trop bien la nécessité où les plaçait leur interêt, de maintenir, autant que possible, la confusion politique et judiciaire de l'allemagne. Mais ce qu'il y eut de surprenant, ce fut de voir les juristes allemands, qui n'auraient dû, ce semble, avoir qu'un seul avis sur cette question, protester contre cette tendance, dans la personne d'un de leurs plus illustres représentants, Savigny, qui fit paraitre à cet effet, sous le titre: „Ueber den Beruf unserer Zeit zur Gesetzgebung und Rechtswissenschaft. Berlin 1814, 3ème édition 1840“, un ouvrage peu volumineux, mais des plus importants pour l'histoire de la Jurisprudence allemande. Il faut bien distinguer dans cet écrit le but passager, de la théorie que l'auteur émit pour l'atteindre, sur l'origine du droit. Le but était de représenter comme déraisonnable, ce désir de codification. Les recueils de cette nature, disait Savigny, sont plutôt, après tout, un mal qu'un bien. On n'y songe pas, aux âges fortunés, parce qu'ils ne sont pas nécessaires. Rome en est un exemple, (comme si la Loi des XII tables et les édits prétoriens n'eussent jamais existé) et aux époques malheureuses, (comme celle dans laquelle il vivait) on ne possède ni l'éducation politique nécessaire, ni la capacité requise pour le succès d'une pareille entreprise, et il cherchait à fonder son assertion, sur des passages isolés, qu'il tirait des législations prussienne, autrichienne et française de cette époque.

„L'ironie du sort voulut que le couronnement de son élève et protecteur Frédéric Guillaume IV vint lui offrir l'occasion d'échanger sa chaire de professeur contre le portefeuille de la justice, spécialement créé pour lui; Savigny le théoricien et l'adversaire de la législation eut la faiblesse d'accepter ce poste, et il trouva moyen de constater pleinement ce qu'il appelait: „le manque de vocation de notre époque pour la législation," alors que les réglements sur les lettres de change, et que le code de commerce allemand, qui parurent presque à la même époque, donnaient d'ailleurs à son assertion un éclatant démenti.

„La théorie qu'il développa en cette circonstance, sur le droit coutumier et sur la législation, n'était pas tout-à-fait nouvelle; mais Savigny a le mérite de l'avoir présentée, le premier, dans tout son jour scientifique, et de lui avoir ainsi donné droit de cité dans la science. Suivant cette doctrine, le droit primitif a partout été dans le monde le droit coutumier. Ce droit n'a été ni créé, ni cherché, il est né tout seul comme le langage, et s'est développé intérieurement, dans la persuasion populaire, extérieurement, dans l'ordre de la vie. Ce droit coutumier est la forme naturelle de tout droit, en présence de laquelle, la législation est quelque chose d'artificiel, de mécanique, un empiètement dans l'ordre de la nature. Le droit coutumier et le législateur c'est, pour ainsi dire, la nature et le médecin; la nature doit s'aider elle-même, le médecin ne doit intervenir que le plus rarement possible, car sa présence seule indique déjà le trouble de l'état normal, la maladie.

„C'est ainsi que Savigny renverse complètement ce vrai rapport, que l'ancienne doctrine avait parfaitement établi entre la législation et le droit coutumier; pour lui, c'est le droit coutumier qui vient d'abord et la législation ensuite. On se demande, tout etonné, pourquoi? L'auteur ne donne d'autre raison que son opinion préconçue, d'après laquelle, tel a été l'état primitif des choses. Les anciennes institutions des Romains ne pouvant être rattachées à des lois, Savigny en conclut tout simplement qu'elles sont nées d'elles-mêmes. Ne pourrait-on pas avec autant de raison, soutenir à celui qui ne peut nommer ses bisaïeux, qu'il n'en a pas eu! Voici la cause de cette erreur. Le souvenir de l'origine des principes légaux se perd dans le courant des siècles; ce qu'il a fallu, dans le principe, chercher, obtenir en luttant, réunir, fixer, en un mot, faire et déterminer, acquiért, par un usage prolongé, une autorité morale si grande sur les esprits, et une fixité extérieure telle, qu'il semble tout naturel que cela soit venu tout seul et ait été de tout temps en vigueur. Voilà le mirage auquel s'est laissé prendre Savigny; toute sa théorie n'a pas d'autre base, et elle n'a été possible que parce que l'époque primitive ne nous dit pas, comment sont nés les principes de droit. Si, comme il convenait au représentant de l'école historique, Savigny eut réglé sa théorie sur le rapport de la loi au droit coutumier, d'après l'histoire, qui offre sur cette question des points de repaire fixes et déterminés, il se serait persuadé que l'opinion alors admise, et dont il faisait si peu de cas, était complètement vraie, que la loi est la source normale du droit, et que le droit coutumier est tout simplement une source d'action secondaire et limitée. Cette opinion n'était excessive qu'en ce sens, qu'elle exagérait beaucoup trop le pouvoir de la loi. La toute puissance du législateur était en effet, un article du Credo de l'absolutisme qui dominait aux 17ème et 18ème siècles. On croyait bel et bien qu'il suffisait d'un décret d'en haut, pour changer la nature même des choses, et la jurisprudence partageait, elle aussi, cette croyance à l'omnipotence de la législation. L'opposition que Savigny fit, en ce sens, à la doctrine admise, était des plus légitimes et des plus bienfaisantes, mais cela ne suffisait pas pour méconnaître la possibilité et l'efficacité d'une codification, et ce grand homme ne combattit une doctrine exagérée, qu'en tombant lui-même dans une exagération contraire.

„Sa théorie a été développée et présentée en détail dans un ouvrage, écrit en 1828, par Puchta l'un de ses plus illustres partisants.“

Les applications historiques que l'auteur a trouvé moyen de faire, dans la seconde partie de son ouvrage, m'ont surtout engagé à le traduire, car elles font de son combat pour le droit un véritable appel au patriotisme, et cette question m'a semblé avoir pour la France, le mérite de l'actualité.

Il est de mode, aujourd'hui, dans certains milieux du moins, d'appeler les Français du XIXème siècle, les Français de la décadence. Si l'on voulait faire allusion par là, à cette loi apparente de l'histoire, qui pousse les peuples les uns après les autres sur la scène du monde, leur fait jouer un rôle plus ou moins brillant et plus ou moins long, puis les fait disparaître pour les remplacer par d'autres, il n'y aurait peut-être pas grande objection à faire. La France est en effet le plus vieil État européen; c'est elle, qui, au lendemain du jour, où disparut la civilisation gréco-romaine, jeta, la première, en Europe, les fondements d'un grand État régulier. Personne ne disconviendra qu'elle n'ait depuis, marqué son passage dans le monde. Mais bien qu'elle ait beaucoup fait pour la justice et la vérité, bien que Dieu, pour traduire un adage connu, se soit servi de son bras, pour écrire l'histoire de la toute-puissance divine, il serait peut-être néanmoins permis de se demander encore: Pourquoi la

France ne subirait pas enfin le sort de tant d'États qu'elle a vu naître et disparaître, et où sont donc écrites les paroles qui lui promettent l'immortalité?

Mais on veut, en parlant de notre décadence, nous accuser de manquer de patriotisme. On dit que l'amour sacré de la patrie a disparu de nos coeurs; on dit, si on me permet d'emprunter le langage de Lessing, que pour se vanter d'être les descendants des anciens Français, il ne suffit pas d'être nés sur leurs tombeaux. On parle enfin, comme si on pouvait effacer l'histoire, comme si on n'avait pas vu mourir, il y a quatre ans, sur la lisière de nos anciennes frontières, des Français, qui avaient fait revivre ces hommes que Plutarque n'avait pu représenter sans le secours de la fable. Non, le patriotisme n'est pas mort parmi nous. Nous tenons de toute notre âme et de toutes nos forces, à cette belle terre de France que la Providence nous a donnée. Nous aimons notre pays, et nous en avons pour preuve, ceux qui tombèrent en 1870—1871 à Wissembourg, Reichsoffen, sous les remparts de Paris et sur les bords de la Loire. Nous en avons pour preuve, la confiance de l'Europe, qui n'a pas cru que le génie de la France se fût voilé pour toujours. Nous en avons pour preuve, les efforts et les sacrifices que nous avons faits pour tenir nos engagements, et ceux que nous faisons pour faire revivre la France.

Mais il ne suffit par pour être bon patriote, de défendre son pays les armes à la main. Il est un sacrifice plus difficile à faire peut-être que celui de sa vie, c'est le sacrifice de ses opinions et de ses intérêts à la volonté de tous et au bien-être commun. Or il faut avouer que nous ne nous présentons pas, à ce point de vue, comme des hommes de notre temps, qui doivent être dévoués, avant tout, à l'intérêt public et à la prospérité de l'État On se rappelle involontairement le mot de Voltaire: „Chacun prêche pour son couvent.“ Nous n'avons pas une politique française, nous vivons d'expédients, et les expédients ne créent rien de stable que le changement. Le principe admis, il faut en tirer ou en subir les conséquences, car l'abîme appelle l'abîme. Eh bien, nous ne sommes jamais contents du Gouvernement que nous avons; nous l'établissons aujourd'hui et nous mettons son existence en question, le lendemain. Nous renversons les rois pour les remplacer par l'anarchie, et quand nous en avons assez, nous faisons des empereurs, puis nous renversons les empereurs pour reprendre les rois, et quand nous ne voulons plus ni des uns ni des autres, nous inventons les hommes soit-disant nécessaires. Nous faisons des portefeuilles avec les malheurs de la patrie; nous nous disputons pour des hommes qui passent, pour des dynasties qui tombent, et nous ne songeons pas à la France qui reste. Je n'en dirai pas davantage, mais si ce patriotisme, que j'appellerai le patriotisme moral, devait vraiment disparaître de notre sol, Français! c'en serait bientôt fait de l'autre, et alors peut-être, pourrait-on, avec raison, commencer à dire de la France, le mot qu'on prête à Kosciusko mourant pour la Pologne: *Finis Poloniae.*

Je ne sais, si, comme on a cru l'entrevoir, à travers les nuages qui nous dérobent l'avenir, le patriotisme disparaîtra un jour, quand l'homme trouvera sur toute la terre, les mêmes droits, la même protection et la même liberté, quelle que puisse être, dans cette hypothèse, la gloire d'avoir contribué à établir le règne de la fraternité universelle; je crois que la France n'a présentement rien à faire pour hâter cette heure; l'histoire ne nous aprend-elle pas que nous avons assez fait, trop fait peut-être, ou bien, serait-il donc vrai de dire avec le grand philosophe allemand, Hégel, que l'histoire ne sert à ne nous enseigner qu'une chose, c'est que nous n'en apprenons rien. N'est-ce pas la France, qui pendant 80 ans, a porté par le monde, et dans les plis, glorieux alors de son drapeau, les idées philanthropiques des philosophes français du 18ème et du 19ème siécle. Après avoir si souvent, si généreusement, et avec tant de profit pour notre pays, versé notre sang pour les autres, il serait bon d'avoir une charité mieux ordonnée, qui consisterait à songer un peu plus à nous-mêmes. Il faudrait nous rappeler, mais dans un autre sens, que nous avons fait 89. 89 ne fut pas seulement le renversement d'une dynastie qui avait fait longtemps la grandeur et la gloire de la France; ce fut surtout le renversement de l'ordre politique et social, en un mot, une révolution, et par suite, le point de départ d'un droit nouveau, d'institutions nouvelles, je dirais presque, de sentiments nouveaux. Le patriotisme, tel que nous l'entendons, naquit alors. L'Antiquité ne l'avait pas connu. A Athènes et à Sparte, on ne parlait que de civisme, et à Rome on se disait, citoyen romain. Le moyen-âge, dont nous devons regarder le sépulcre avec respect, mais sans crainte, ne connut ni le civisme, ni le patriotisme. Les nobles seigneurs de cette époque renfermés dans les donjons de leurs châteaux, ne songeaient guères qu'à leurs intérêts, et les vilains qui avaient à peine une famille, avaient encore moins une patrie ou une cité. Il faut pourtant reconnaître, que le patriotisme s'annonça dans la période suivante, sous François Ier, Henri IV, Louis XIII et Louis XIV. Il faut dire aussi, que l'Église avait créé un patriotisme sublime, mais qui ayant un tout autre mobile ne peut être mêlé aux affaires de ce monde. C'est donc, quand l'étranger menaça la France de lui arracher les conquêtes qu'elle venait de faire pour ses enfants, que le patriotisme éclata dans sa noble vigueur et sa mâle beauté. On sait ce qui arriva: le patriotisme sauva la France et avec elle la liberté.

Rallions-nous donc à l'idée qui pourrait nous sauver encore; la fortune a ses retours comme elle a ses secrets. Empruntons au passé ce qu'il nous a légué de bon, sans vouloir pour cela retourner en arrière, puisque le monde doit marcher en avant; les progrès est la volonté même de Dieu. N'a-t-il pas été dit à l'Humanité: *Ascende superius.* Mais n'allons pas éviter un extrême pour tomber dans l'autre; ne cherchons pas à devancer l'avenir, à chaque âge comme à chaque jour suffit sa peine, si l'histoire va lentement, sa marche n'est-elle donc pas sûre, et avons-nous déjà oublié, qu'elle fait à son heure des pas de géant. Unissons-nous donc, ramassons nos forces, creusons notre sillon et travaillons, *Laboremus!*

Je ne puis terminer ces quelques pages, sans remercier Mr. Ch. Thomaschek, professeur de Littérature allemande, à l'Université I. & R. de Vienne, d'avoir bien voulu me faire remarquer ce petit ouvrage. La France qui combat, depuis 80 ans, pour trouver la meilleure forme de gouvernement, n'est malheureusement pas arrivée à la fin de ses épreuves. Qu'elle prenne pourtant courage, car elle n'a pas non plus épuisé toute sa vigueur, donné toute sa mesure, fourni sa carrière. Mais il faudra, pour se relever, travailler et combattre, il faudra que tous coopèrent à cette grande oeuvre nationale, et c'est le désir ardent d'apporter, moi aussi, mon obole, qui m'a fait entreprendre ce petit travail, et qui vaudra, je l'espère, à ma traduction, une indulgence dont je sens tout le besoin.

VIENNE LE 20 SEPTEMBRE 1874.

A. F. MEYDIEU.

Le droit est une idée pratique, c'est-à-dire indiquant un but, et toute idée de tendance est essentiellement double, car elle renferme une antithèse, le but et le moyen. Il ne suffit pas en effet de montrer le but, on doit encore faire connaître le chemin qui y conduit. Ce sont là deux questions dont il faut par conséquent que le droit nous donne partout la solution. Tout le droit n'est aussi, dans son ensemble comme dans chacun de ses titres et en réalité, qu'une continuelle réponse à cette double demande. Il n'y a pas de titre, celui de la propriété ou de l'obligation par exemple, dont la définition ne soit nécessairement double, elle nous dit le but qu'on se propose et le moyen d'y arriver. Mais le moyen si varié qu'il soit, se réduit toujours au combat contre l'injustice. L'idée du droit renferme une antithèse, qui naît de cette idée dont elle est complètement inséparable: le combat et la paix; la paix est le terme du droit, le combat est le moyen de l'atteindre.

On pourrait objecter que le combat et la discorde sont précisément ce que le droit se propose d'empêcher, car un pareil état de choses implique un renversement, une négation de l'ordre légal, et non pas une condition nécessaire à son idée. L'objection serait juste, si je traitais du combat de l'injustice contre le droit, mais il s'agit ici du combat du droit contre l'injustice. Si dans cette hypothèse le droit ne combattait pas, c'est-à-dire ne faisait pas une vaillante résistance, il se renierait lui-même; et ce combat durera tant que le droit aura à se prémunir contre les attaques de l'injustice, c'est-à-dire aussi longtemps que le monde. Le combat n'est donc pas un élément étranger au droit, mais bien plutôt une partie intégrante de sa nature, une condition même de son idée.

Tout droit dans le monde a dû être acquis par le combat; tous ces principes de droit qui sont aujourd'hui en vigueur, il a fallu d'abord les imposer par la lutte à ceux qui n'en voulaient pas, et tout droit, le droit d'un peuple comme celui d'un individu suppose qu'on est prêt à le défendre. Le droit n'est pas une idée logique, mais une idée de force; c'est pourquoi la justice qui tient d'une main la balance où elle pèse le droit, porte dans l'autre le glaive qui sert à le faire valoir. Le glaive sans la balance est la force brutale, la balance sans le glaive est le droit dans son impuissance. Ils se complètent réciproquement, et le droit ne règne vraiment que dans le cas où la force déployée par la justice pour tenir le glaive, égale l'habileté qu'elle met à manier la balance.

Le droit est le travail sans relâche, et non pas seulement le travail de la puissance publique, mais celui de tout le peuple. Si nous embrassons d'un coup d'oeil toute son histoire, elle ne nous présente rien moins que le spectacle de toute une nation déployant sans cesse pour défendre son droit autant de pénibles efforts, qu'elle en dépense pour le développement de son activité dans le domaine de la production économique et intellectuelle. Tout homme qui en vient à l'obligation de maintenir son droit, prend part à ce travail national et contribue dans sa petite mesure à la réalisation de l'idée du droit sur la terre.

Ce devoir ne s'impose sans doute pas à tous dans les mêmes proportions. Des milliers d'individus voient leur vie s'écouler facilement et sans lutte, entre les limites fixées par le droit, et si nous allions leur dire: le droit c'est le combat, ils ne nous comprendraient pas, car il n'a jamais été pour eux que le règne de la paix et de l'ordre. Au point de vue de leur expérience personnelle, ils ont parfaitement raison, tout aussi bien que ces riches héritiers qui ayant recueilli sans peine le fruit du travail des autres, nient cette proposition: la propriété c'est le travail. La cause de leur illusion commune vient de ce que les deux sens que nous offrent la propriété et le droit, peuvent se décomposer subjectivement de telle manière que la jouissance et la paix soient la part de l'un, le travail et la lutte celle de l'autre; si nous nous adressions en effet à ce dernier, il nous donnerait une réponse tout-à-fait contraire. Le droit et la propriété sont vraiment la tête de Janus au double visage, les uns ne peuvent voir que ce côté-ci, les autres ne peuvent apercevoir que ce côté-là, et delà résulte que l'image leur apparaît sous un jour si différent. Ce que je dis du droit s'applique non seulement aux individus, mais encore à des générations entières. La vie de l'une est la guerre, la vie de l'autre la paix, et les peuples sont par suite de cette différence dans la répartition subjective, exposés à la même erreur que les individus.

Nous nous berçons du beau rêve d'une longue période de repos, nous croyons même fermement à la paix perpétuelle, jusqu'au jour où le premier coup de canon vient dissiper notre beau songe, et fait succéder à une génération qui a tranquillement vécu dans la paix, une autre qui ne devra en jouir qu'à condition de la mériter d'abord par le rude travail de la guerre. Ainsi se répartissent dans le droit comme dans la propriéte, le travail et la jouissance, sans que pourtant leur corrélation en souffre la moindre atteinte. Si vous vivez en paix et dans l'abondance, sachez qu'un autre a dû combattre et travailler pour vous. Il faut songer au temps du Paradis si l'on veut parler de la paix sans combat et de la jouissance sans travail, car rien n'est connu en histoire, qui ne soit le résultat de pénibles et continuels efforts.

Je développerai plus loin cette pensée, que le combat est pour le droit ce que le travail est pour la propriété, et que relativement à sa nécessité pratique et à sa dignité morale il doit être complètement placé sur la même ligne. Ce ne sera pas, il me semble, un hors-d'oeuvre, mais au contraire la réparation d'une faute d'omission qu'on est en droit de reprocher à notre théorie, et je ne dis pas seulement à notre philosophie du droit, mais aussi à notre jurisprudence positive. Notre théorie, il n'est que trop facile de le remarquer, s'occupe beaucoup plus de la balance que du glaive de la justice; l'étroitesse du point de vue purement scientifique d'où elle envisage le droit, et qui se résume en ce que le droit apparaît moins sous son côté réel comme idée de force, que sous son côté rationnel comme tissu de principes abstraits, a imprimé, selon moi, à toute cette manière d'envisager cette question, un caractère qui est bien peu en harmonie avec l'amère réalité. C'est là un reproche dont le développement de ma thèse fournira la preuve.

Cette expression, le droit, renferme, vous le savez, un double sens, le sens objectif qui nous présente l'ensemble des principes de droit en vigueur, l'ordre légal de la vie; le sens subjectif qui est pour ainsi dire, le précipité de la règle abstraite dans le droit concret de la personne. Le droit rencontre dans ces deux directions une résistance qu'il doit vaincre; c'est-à-dire que dans ces deux directions il doit se faire jour ou se maintenir en combattant. Bien que je me sois directement proposé comme étude le second de ces deux points de vue, je ne dois pourtant pas négliger d'établir par la considération du premier, que le combat, comme je l'ai avancé, est de l'essence même du droit.

C'est là pour l'État qui veut le règne du droit, un point incontesté, et qui ne réclame aucune autre preuve. L'État ne réussit à maintenir l'ordre légal qu'en luttant continuellement contre l'anarchie qui l'attaque. Mais la question est tout autre, s'il s'agit de l'origine du droit, et non pas seulement de sa naissance primitive au commencement de l'histoire, mais encore de ce rajeunissement qui s'opère tous les jours sous nos yeux; la suppression de titres en vigueur, l'annulation d'articles qu'on remplace par d'autres, en un mot le progrès dans le droit. Si je soutiens en effet que le droit est soumis à une même loi, qu'il s'agisse de son origine ou de toute son histoire, il est cependant une autre théorie, généralement encore admise dans notre science du droit Romain pour le moins, qui défend une thèse contraire. Suivant cette doctrine que j'appelle en deux mots, du nom de ses deux principaux représentants, la théorie de Savigny et de Puchta sur l'origine du droit, le droit se développe insensiblement, sans difficulté, comme le langage. Il n'est pas plus nécessaire de se donner de la peine que de combattre, la recherche est même inutile, car c'est la force secrètement agissante de la vérité, qui s'avance d'un pas lent mais sûr et sans violents efforts; c'est le pouvoir de la persuasion se faisant peu à peu jour dans les coeurs, qui agissant sous son influence la revêtent d'une forme légale. Un article de droit naît donc tout aussi simplement qu'une règle de grammaire, et pour expliquer d'après cette théorie, comment l'ancien droit Romain en vint à permettre au créancier de vendre en servitude étrangère son débiteur insolvable, ou à autoriser le propriétaire d'un objet volé à revendiquer sa chose partout où il la trouvait, il suffirait de dire que tout cela ne s'est guères autrement introduit dans la vieille Rome que la règle de *cum* gouvernant l'ablatif.

C'est l'idée que j'avais sur l'origine du droit, quand j'ai quitté autrefois l'Université, et j'ai passé bien des années sous son influence. Pourrait-elle donc être vraie? Le droit, il faut bien l'accorder, se développe sans recherche, inscienmment, employons le mot qu'on a introduit, organiquement, intrinsèquement comme le langage. C'est de ce développement intérieur que dérivent tous ces principes de droit, que les arrêts semblables et également motivés interposent peu à peu dans les relations, tout aussi bien que ces abstractions, ces corollaires, ces règles que la science tire du droit existant au moyen du raisonnement, et met en évidence. Mais le pouvoir de ces deux agents, les relations et la science, est limité; il peut bien diriger le mouvement dans les limites fixées par le droit existant, le hâter même, mais il ne lui est pas donné de renverser les digues qui empêchent le fleuve de prendre un nouveau cours. Il n'y a que la loi, c'est-à-dire l'action volontaire et déterminée de la puissance publique qui ait ce pouvoir, et ce n'est donc pas par hasard, mais par une nécessité qui est de la nature intime du droit que toutes les réformes introduites dans la procédure et dans le droit positif remontent à des lois. Sans doute, il peut se faire qu'une modification apportée par la loi dans le droit existant soit purement abstraite, que son influence se restreigne à ce droit même sans s'exercer dans le domaine des rapports concrets qui se sont établis sur la base du droit jusqu'alors en vigueur; et ce n'est dans ce cas qu'une réparation du mécanisme qui consiste à remplacer une vis ou un rouage usé par un meilleur. Mais il arrive souvent qu'une modification ne s'opère qu'en blessant profondément des droits existants et des intérêts privés. Les intérêts de milliers d'individus et de classes entières se sont tellement identifiés avec le droit dans le cours des temps, qu'il n'est pas possible d'écarter le droit, sans toucher au vif les intéressés. Si on met alors en question le principe de droit ou le privilège, on déclare par le fait même la guerre à tous ces intérêts, on tente d'arracher un polype qui se cramponne là avec ses mille pattes. Il est dans l'instinct de la conservation personnelle, que les intérêts menacés opposent à toute tentative de cette nature la plus violente résistance, et par suite un combat, où comme dans tout autre, ce ne sera pas le poids des raisons, mais l'état des forces en présence qui décidera, et produira assez souvent le même résultat que dans le parallélogramme des forces: un écartement de la ligne droite en une diagonale. C'est la seule manière de s'expliquer que des institutions depuis longtemps condamnées, trouvent encore moyen de vivre souvent des siècles; ce n'est pas la *vis inertiae* qui les maintient, mais la force de résistance qu'opposent les intérêts attachés à leur durée.

Quand le droit existant est ainsi défendu par des intérêts, celui de l'avenir ne peut se faire jour qu'en soutenant une lutte qui dure souvent plus d'un siècle, et qui atteint son fort, quand les intérêts ont revêtu le caractère de droits acquis. Alors il y a deux partis en présence; et chacun porte écrit sur son drapeau: sainteté du droit. L'un en appelle à la sainteté du droit historique, du droit du passé, et l'autre à la sainteté du droit qui se développe et se rajeunit sans cesse, du droit primordial et éternel de l'Humanité au devenir. C'est un conflit de l'idée du droit avec elle-même, et pour les individus qui après avoir sacrifié à la défense de leurs convictions toutes leurs forces et tout leur être, succombent enfin sous le jugement suprême de l'histoire, c'est un conflit celui-là qui a vraiment quelque chose de tragique. Toutes ces grandes conquêtes que l'histoire du droit peut enregistrer: l'abolition de l'esclavage, du servage, la libre disposition de la propriété foncière, la liberté de l'industrie, la liberté de conscience n'ont pu être achetées que par une lutte des plus vives, qui a souvent duré plusieurs siècles, et c'est parfois à des flots de sang, mais partout à des droits méconnus qu'on peut retrouver la route que le droit a abandonnée. Le droit, c'est bien Saturne dévorant ses enfants, il ne lui est possible de se rajeunir qu'en brisant avec son passé. Un droit concret qui invoque son existence pour prétendre à une durée illimitée, à l'immortalité, rappelle l'enfant qui lève le bras contre sa mère; il méprise l'idée du droit sur laquelle il s'appuie, car le droit sera éternellement le devenir, et ce qui est venu, c'est-à-dire ce qui existe doit céder la place au nouveau devenir, puisque:

> ...... tout ce qui naît,
> mérite de rentrer dans le néant. (Göthe, Faust.)

Le droit considéré dans son développement historique, nous présente donc l'image de la recherche de la lutte, du combat, en un mot des plus pénibles efforts. L'esprit humain qui forme inscieniment le langage, ne rencontre pas de violente résistance, et l'art n'a pas d'autre ennemi à vaincre que son propre passé: le goût existant. Mais il n'en est pas ainsi du droit en tant que but. Placé au milieu de ces rouages confus où se déploient tous les efforts, et où s'agitent tous les intérêts divers des hommes, le droit doit étudier et chercher sans cesse le vrai chemin, puis quand il l'a enfin trouvé, renverser l'obstacle qui l'empêcherait de marcher en avant. S'il est hors de doute, que ce développement est aussi régulier, et aussi intérieur que celui du langage et de l'art, il n'est pourtant pas moins vrai, qu'il s'opère d'une tout autre manière, et c'est en ce sens qu'il faut résolument rejeter le parallèle si rapidement et si généralement admiré, que Savigny a établi entre le droit d'une part, le langage et l'art de l'autre. Fausse en théorie, mais sans danger, cette doctrine est comme maxime politique une des erreurs les plus fatales qu'on puisse imaginer, car elle conseille à l'homme d'attendre quand il doit agir, agir avec toutes ses forces, et en pleine connaissance de cause. Elle l'invite à espérer en lui disant: que les choses se font d'elles-mêmes, que ce qu'il a de mieux à faire, c'est de croiser les bras, et d'attendre avec confiance, ce qui sortira peu à peu de cette source primitive du droit, qu'on appelle: l'opinion publique en matière de législation. De là vient l'aversion de Savigny et de toute son école contre l'initiative du pouvoir législatif, de là vient que Puchta a complètement méconnu dans sa théorie du droit coutumier, la vraie signification de la coutume. La coutume n'est pour Puchta qu'un moyen de découvrir la persuasion légale, mais ce grand esprit avait complètement négligé de remarquer que cette persuasion commence seulement à se former quand elle agit; que c'est cette action même qui lui donne le pouvoir et la force de dominer, en un mot, que pour le droit coutumier comme pour tout autre, il est vrai de dire: Le droit est une idée de force. Il ne faisait d'ailleurs que payer son tribut, à l'époque dans laquelle il vivait. C'était le temps de la période Romantique pour notre poésie, et si on ne s'effraie pas d'appliquer cette idée à la jurisprudence, si on veut se donner la peine de comparer les directions suivies sur ce double terrain, on ne me blâmera peut-être pas de prétendre que l'école historique pourrait tout aussi bien s'appeler l'école romantique. C'est en vérité une idée romantique, c'est se représenter, veux-je dire, le passé sous un faux idéal, que de se figurer le droit naissant sans peine, sans effort, sans action comme la plante des champs. La triste réalité peut pourtant bien nous convaincre du contraire. Le peu que nous en voyons, nous montre les peuples n'arrivant presque partout à établir leur droit, qu'au prix des plus violents efforts, et à ces questions des plus graves, qui se pressent tumultueusement, nous pouvons ajouter tout le témoignage du passé, quelle que soit l'époque sur laquelle nous arrêtions nos regards. Il ne reste donc pour la théorie de Savigny, que les temps préhistoriques, sur lesquels nous n'avons pas de données. Mais s'il est permis d'émettre une hypothèse, j'opposerai à la doctrine de Savigny, qui nous représente le droit naissant alors doucement, simplement, de la persuasion populaire, ma théorie à moi, qui lui est diamétralement opposée, et il faudra bien qu'on m'accorde, qu'elle a dumoins pour elle l'analogie de la ressemblance avec le développement historique du droit, et comme je le crois, l'avantage d'une plus grande vraisemblance psychologique. L'époque primitive! Il fut un temps où régnait la mode de la parer de toutes les belles qualités, on en faisait un âge, qui ne connut que la vérité, la franchise, la fidélité, la simplicité, la foi religieuse. Le droit se serait certainement développé sur un pareil terrain sans avoir besoin d'autre force que du pouvoir de la persuasion légale; le poing n'eut pas été plus nécessaire que l'épée. Mais il est aujourd'hui acquis que cette pieuse époque n'eut rien moins que ces belles vertus dont on la couvre, et il serait difficile de réussir encore à faire croire, qu'elle a pu établir son droit plus facilement que les générations postérieures. Pour moi, je suis convaincu qu'elle n'y est parvenue qu'après un travail plus pénible encore que celui de toutes les autres; je suis convaincu que les principes de droit Romain les plus simples dont j'ai parlé: le pouvoir accordé au propriétaire de revendiquer sa chose de tout possesseur, la faculté laissée au créancier de vendre en servitude étrangère son débiteur insolvable, ne sont vraiment entrés en vigueur, et n'ont été admis de tous qu'après un combat des plus acharnés. Quoiqu'il en soit, laissons le passé; le témoignage authentique de l'histoire peut nous suffire, eh bien il nous dit: que la naissance du droit n'est toujours comme celle de l'homme, qu'un douloureux et violent enfantement.

Devrions-nous donc nous plaindre qu'il en est ainsi? Mais cette circonstance en vertu delaquelle, les peuples n'arrivent pas au droit sans peine, sans travailler, sans s'épuiser en efforts et verser même leur sang, est précisément ce qui fait naître entre eux et leur droit ce lien intime, que l'enjeu de la vie dans l'enfantement, établit entre la mère et son nouveau-né. On peut avancer d'un droit gagné sans peine, ce qu'on dit des petits de la cigogne; un renard ou un vautour peut bien les enlever, mais qui arrachera l'enfant à sa mère? qui dépouillera donc un peuple des institutions et des droits qu'il a achetés au prix de son sang? Bien plus il faut dire, que l'énergie de l'amour avec laquelle un peuple maintient et défend son droit, se mesure à la peine et aux efforts qu'il lui à coûtés. Ce n'est pas simplement la coutume, mais bien le sacrifice qui resserre entre un peuple et son droit le plus durable des liens, et quand Dieu veut la prospérité d'un peuple, il ne lui donne pas ce dont il a besoin, il ne lui facilite même pas le moyen de l'atteindre, non, il ne lui rend le chemin que plus difficile. C'est en ce sens, que je n'hésite pas à dire: le combat qu'exige le droit pour se faire jour, n'est pas un châtiment, mais une bénédiction.

Le combat pour le droit concret dont j'ai à traiter dans cette seconde partie, a pour cause une lésion ou une soustraction de ce droit. De ce qu'aucun droit n'est à l'abri de ce danger, ni celui des individus, ni celui des peuples, il résulte que ce combat peut se renouveler dans toutes les sphères du droit, depuis les basses régions du droit privé jusque dans les hauteurs du droit public et du droit des gens. Que sont en effet malgré la différence de l'objet en litige, de l'enjeu, des formes et des dimensions de la lutte, la guerre, la révolte, la révolution; la loi de Lynch, le droit manuaire, le cartel au moyen-âge, et son dernier vestige de nos jours, le duel; enfin la défense forcée et cette lutte non sanglante, le procès, si non autant de scènes du même drame, du combat pour le droit? Ce n'est pas pour traiter un sujet qui a précisément pour vous tous le plus haut intérêt, que j'ai choisi la moins idéale de ces formes, le combat légal pour le droit privé; mais parce que c'est justement dans ce cas, que la véritable cause du procès, peut le plus échapper non seulement au public, mais aussi aux hommes de loi. Le mobile apparaît dans toutes les autres espèces clairement et sans ombre. L'esprit le plus restreint comprend que les biens en question méritent de suprêmes sacrifices, et personne ne dira: Pourquoi combattre, ne vaudrait-il pas mieux céder? Le spectacle grandiose qu'offre le développement des plus grandes forces humaines joint aux plus coûteux dévouements, entraîne irrésistiblement tout homme, et l'élève à la hauteur d'un jugement idéal. Mais il en est tout autrement, quand il s'agit du combat légal pour le droit privé. Le cercle d'intérêts relativement futiles dans lequel il se meut, car c'est toujours cette question de mien et de tien avec son prosaïsme inséparable, semble le reléguer exclusivement dans cette région où on ne calcule que les avantages matériels et pratiques. Il est encore vrai, que les formalités auxquelles sa mise en action est soumise, que leur emploi, l'impossibilité pour la personne de procéder librement, énergiquement, ne contribuent pas à diminuer une impression déjà défavorable. Toutefois, il fut un temps où de pareilles questions se tranchaient aussi dans la lice, et cette obligation de payer de sa personne, faisait clairement ressortir la vraie signification du combat. Quand l'épée finissait cette querelle du mien et du tien, quand le chevalier du moyen-âge envoyait un cartel à un autre, ceux qui n'étaient pas parties, pouvaient pourtant bien arriver à pressentir, qu'on ne luttait pas seulement pour la valeur de l'objet en litige, pour éviter une perte pécuniaire, mais qu'on défendait dans la chose, son droit, son honneur, sa personne même.

Mais à quoi bon évoquer de si vieux souvenirs, pour en tirer une explication que l'histoire du présent, bien que différente dans la forme, mais exactement semblable quant au fond, peut nous fournir *tout aussi bien que le passé*. Jetons en effet un regard sur les phénomènes de notre vie actuelle, faisons quelques observations psychologiques sur nous-mêmes, et nous arriverons à la même solution.

Quand un individu est lésé dans son droit, il s'élève pour lui une question qu'il peut résoudre comme bon lui semble, c'est celle de savoir, s'il doit le défendre, résister à l'adversaire, en un mot combattre, ou abandonner la lutte et céder. Quelle que soit la solution, il devra toujours faire un sacrifice, ou bien, il sacrifiera le droit à la paix, ou la paix au droit. La question semble dès lors se réduire à celle-ci: quel est dans ce cas spécial, et d'après la condition déterminée de la personne, le sacrifice le moins onéreux? Le riche fera bon marché de la valeur en litige, qui est pour lui insignificante, et le pauvre pour qui cette somme est proportionnellement importante préférera sacrifier la paix. La question du combat pour le droit, ne serait donc qu'une pure règle de calcul, dans laquelle on peserait de part et d'autre les avantages et les pertes, et d'où sortirait la décision.

Vous savez tous, qu'il n'en est pas ainsi en réalité. L'expérience journalière nous apporte des procès, dans lesquels la valeur de l'objet en litige n'a aucun rapport avec le sacrifice probable de peines, d'efforts, d'argent qu'il faudra faire. Celui qui a perdu un franc, n'en donnera certainement pas deux pour le retrouver; et la question de savoir combien il devra donner, n'est en réalité pour lui qu'une pure affaire de calcul. Pourquoi donc ne compte-t-il pas ainsi dans un procès? Qu'on n'aille pas dire: il espère le gagner, il s'attend à ce que les frais retombent sur son adversaire; il est des personnes, vous le savez tous, que la certitude de payer chèrement le triomphe n'empêche pas d'intenter une action en justice. Que de fois le magistrat cherchant à détourner une partie, en lui représentant ce que sa cause a de chanceux, ne doit-il pas entendre pour reponse: Je veux intenter le procès et quoi qu'il coûte.

Comment donc nous expliquer cette attitude, qui au point de vue d'un intérêt bien entendu, n'est vraiment qu'un non-sens?

Vous connaissez la réponse qu'on fait ordinairement; c'est dit-on: cette manie maladive et misérable des procès, le pur amour de la chicane, le désir ardent et irrésistible de faire du mal à son adversaire, eût-on la certitude de payer ce mal qu'on lui fera, aussi cher et peut-être encore plus cher que lui.

Eh bien laissons cette espèce, et à la place de ces deux individus, supposons deux peuples. L'un a illégalement enlevé à l'autre une lieue carrée d'un terrain inculte et sans valeur; que fera ce dernier? devra-t-il déclarer la guerre? Considérons la question au même point de vue que celui où se place cette théorie de la manie des procès, quand il s'agit de juger la conduite du paysan dont le voisin a pris quelques pieds de terre, ou endommagé la propriété. Qu'est-ce donc qu'une lieue carrée d'un sol stérile, en comparaison d'une guerre qui coûtera la vie à des milliers d'individus, qui sèmera la douleur et la ruine dans la cabane du pauvre et les palais des rois, qui engloutira les millions et les milliards du trésor public, et menacera peut-être l'existence de l'État? Faire de pareils sacrifices pour une telle cause n'est-ce pas le comble de la folie?

Tel serait le jugement, s'il était possible de mesurer le paysan et le peuple à la même aune. Mais on se gardera bien de donner au second le conseil qu'on offre au premier. Il n'est personne qui ne sente, qu'un peuple qui se tairait devant une pareille violation de son droit, confirmerait lui-même sa condamnation à mort. Si un peuple souffrait qu'on lui enlevât impunément une lieue carrée, on lui enleverait bientôt toutes les autres jusqu'à ce qu'il ne lui reste plus rien, jusqu'à ce qu'il ait cessé d'exister comme État, et il ne mériterait certainement pas meilleur sort.

Si le peuple doit par conséquent courir aux armes, quand il s'agit d'une lieue carrée, et sans s'occuper de sa valeur, pourquoi donc le paysan dont nous avons parlé, ne le devrait-il pas? Faut-il peut-être le renvoyer avec cet arrêt: *quod licet Jovi non licet bovi?* De même que ce n'est pas seulement pour défendre un morceau de terre, mais surtout son existence, son indépendance et son honneur qu'un peuple prend les armes, de même en est-il de ces actions en justice, dans lesquelles existe une si grande disproportion entre la valeur de l'objet en litige, et les sacrifices de toute nature qu'il faudra vraisemblablement faire. On ne fait pas le procès pour la valeur futile de l'objet, mais pour cette raison idéale: la défense de la personne et de son sentiment du droit. Quand celui qui est en cause se propose un pareil but, il n'y a pas de sacrifice, de désagrément, de conséquence si pénible qu'elle soit qui puisse conserver à ses yeux quelque poids. Il voit dans le but qu'il veut atteindre, la récompense des moyens qu'il lui faut employer. Ce n'est pas l'intérêt matériel attaché à une somme d'argent, qui pousse la l'individu lésé à réclamer satisfaction, mais la douleur morale que lui cause l'injustice dont il est la victime. La grande affaire pour lui, n'est pas de rentrer en possession d'un objet, qu'il donne souvent à l'avance en pareil cas à un établissement de bienfaisance, ce qui peut servir à établir la vraie cause du procès; mais ce qu'il veut, c'est faire reconnaître son droit. Une voix intérieure lui crie: qu'il ne lui est pas permis de se retirer, que ce n'est pas un objet sans valeur, mais sa personnalité, son sentiment du droit, et l'estime qu'il se doit à lui-même qui sont en jeu, en un mot, le procès n'est plus une affaire d'intérêt, il revêt la forme d'une question de caractère.

Mais l'expérience nous apprend aussi, que d'autres individus placés dans une situation semblable, prennent une décision tout-à-fait contraire; ils préfèrent la paix à un droit acheté avec peine. Comment les jugerons-nous? Suffira-t-il de dire: c'est une affaire de goût et de tempérament, celui-ci aime la paix, celui-là la dispute, et au point de vue du droit, ils sont l'un et l'autre également respectables, car tout intéressé a le choix entre abandonner son droit ou le faire valoir. Je regarde cette manière de voir qu'on ne trouve que trop souvent dans la vie, comme souverainement condamnable, et contraire à l'essence même du droit. S'il était possible de supposer qu'elle arrivât jamais à prévaloir quelque part, c'en serait fait du droit lui-même, car elle prêche la fuite et la lâche fuite devant l'injustice, tandisque le droit ne peut exister qu'en lui faisant une vaillante résistance. Pour moi, je lui oppose ce double principe que je vais maintenant soumettre à votre bienveillante attention: Résister à l'injustice est un Devoir de l'individu envers Lui-même, car c'est un précepte de l'existence morale; c'est un Devoir envers la Société, car cette résistance ne peut être couronnée de succès, que si elle est générale.

Celui qui est attaqué dans son droit, doit résister; c'est un devoir qu'il a envers lui-même.

La conservation de l'existence est la suprême loi de la création animée, puisqu'elle se manifeste instinctivement dans toute créature. Mais la vie physique n'est pas le tout de l'homme, il a encore à défendre son existence morale, qui a pour condition nécessaire: le droit. C'est donc la condition de son existence morale, que l'homme possède et défend dans le droit. L'homme sans droit tombe au niveau de la brute,*) et les Romains ne faisaient que tirer une juste conséquence de cette idée, quand ils plaçaient les esclaves considerés au point de vue du droit abstrait, sur la même ligne que l'animal. Nous avons donc le devoir de défendre notre droit, puisque notre existence morale est essentiellement attachée à son maintien; se désister complètement, ce qui n'est à la vérité plus possible aujourd'hui, mais ce qui pouvait avoir lieu autrefois ne serait rien moins qu'un suicide moral — Or le droit n'est que l'ensemble des différents titres qui le composent, et dans chacun d'eux se reflète une condition particulière de l'existence morale, dans la propriété tout aussi bien que dans le mariage, dans le contrat comme dans l'honneur; il est donc légalement tout aussi impossible de renoncer à une seule, que de renoncer au droit tout entier. Mais il peut bien se faire que nous soyons attaqués dans l'une ou dans l'autre, et c'est cette attaque que nous sommes obligés de repousser; car il ne suffit pas de mettre ces conditions vitales sous la protection d'un droit représenté par des principes abstraits, il faut encore que l'individu descende dans le domaine du concret pour les y défendre, et l'occasion se présente quand l'arbitraire ose les attaquer.

Toute injustice n'est pourtant pas une action arbitraire, c'est-à-dire une révolte contre l'idée du droit. Le possesseur de ma chose qui s'en croit le propriétaire, ne nie pas en ma personne l'idée de la propriété, il l'invoque au contraire pour lui-même, et toute la question entre nous, est de savoir qui est le propriétaire. Mais le voleur et le brigand se placent en dehors du domaine légal de la propriété. En niant que la chose m'appartienne, ils nient tout à la fois l'idée de la propriété, et une condition essentielle à l'existence de ma personne. Généralisez leur manière d'agir, faites-en une maxime de droit, et la propriété disparaît en théorie et en pratique. Aussi n'attaquent-ils pas seulement mon bien, mais en même temps ma personne, et si j'ai le droit de me défendre quand je suis attaqué, c'est cas dans ce; il n'y a que le conflit de ce devoir avec l'intérêt supérieur de ma vie qui puisse motiver une autre décision, par ex: si le brigand me tenant à la gorge me pose cette alternative: la bourse ou la vie. Mais mon devoir est dans tous les autres cas, de combattre par tous les moyens dont

---

¹) Dans la nouvelle de Henri Kleist intitulée: Michel Kohlhaas, et dont je reparlerai plus loin, l'auteur fait dire à son héros: Mieux vaut être chien qu'être homme et se voir fouler aux pieds.

je dispose, ce mépris du droit dans ma personne; le souffrir, serait consentir à supporter un moment d'injustice dans ma vie, et c'est ce qu'il n'est jamais permis de favoriser. Ma position vis-à-vis du possesseur de bonne foi est complètement différente, ce n'est pas à mon sentiment du droit, à mon caractère ou à ma personnalité, mais à mon intérêt, qu'il appartient de dicter la conduite que j'ai à tenir, car tout l'enjeu pour moi est la valeur de l'objet en litige. Je suis donc complètement fondé à peser le profit et l'enjeu, la possibilité d'une double issue, puis à me résoudre en connaissance de cause à intenter un procès, à y renoncer, à transiger. La transaction est le point où se recontrent les calculs de deux parties qui ont ainsi pesé les chances de part et d'autre, et en supposant les prémices telles que je les ai posées, c'est le meilleur moyen de terminer le différend. S'il est pourtant si difficile de l'obtenir, s'il arrive même fréquemment que les deux parties y renoncent complètement à l'avance, ce n'est pas seulement parce que leurs calculs s'écartent trop pour pouvoir se réunir, mais parce que chacun des adversaires suppose que l'autre est de mauvaise foi, et a une mauvaise intention. Voilà comment la question, bien que se développant judiciairement sous la forme d'une injustice objective (reivindicatio), revêt néanmoins psychologiquement pour la partie le caractère dont je parlais dans le cas précédent, celui d'une lésion calculée, et la ténacité avec laquelle l'individu défend son droit, est en partant de son point de vue, tout aussi bien motivée et justfiée en morale, que celle dont il fait preuve à l'égard du voleur. Chercher dans un pareil cas à effrayer une partie, en lui représentant les dépenses, les conséquences de toute nature qu'entraînera le procès, ou l'incertitude de son issue, n'est qu'une méprise psychologique. Il ne s'agit pas en effet pour elle, d'un intérêt matériel, mais d'une question de caractère; le seul espoir qu'on puisse nourrir, c'est d'arriver à faire disparaître cette supposition de mauvaise intention qui la fait agir, et si on réussit, on tranche le nerf de la résistance, on peut l'amener alors à envisager la question sous le jour de l'intérêt, et la transaction devient possible. Vous savez mieux que personne, quelle opiniâtre résistance la prévention de la partie oppose souvent à de pareilles tentatives, et vous m'accorderez, j'en suis sûr, que cette opposition morale, que cette méfiance tenace n'est pas quelque chose de purement individuel, exclusivement fondé dans le caractère de la personne, mais s'explique par les contrastes généraux d'éducation et de profession. C'est dans le paysan qu'il est le plus difficile de vaincre cette méfiance. La manie des procès qu'on met à sa charge, n'est que le produit de deux moteurs qui le font spécialement agir: le sentiment profond de la propriété, pour ne pas dire de l'avarice, et le sentiment de la méfiance. Personne n'entend aussi bien son intérêt, ne défend aussi opiniâtrement son avoir que lui, et pourtant, il n'est aussi personne qui sacrifie tout à un procès avec tant de facilité. Cette contradiction n'existe qu'en apparence, elle s'explique parfaitement en réalité. C'est justement parce que son sentiment du droit est si profond et si développé, que la lésion est pour lui si sensible, et la réaction si violente. Cette manie des procès, n'est qu'un égarement que cause la méfiance dans son sentiment de la propriété, et qui semblable à celui que la jalousie produit dans l'amour, tourne son aiguillon contre soi-même, et fait perdre précisément ce qu'on voulait conserver.

L'ancien droit Romain offre une preuve intéressante de ce que je viens de dire. Il a précisément exprimé sous forme de principes légaux, cette méfiance du paysan qui suppose dans tout conflit que son adversaire est de mauvaise foi. Il a aussi appliqué à toute injustice purement objective, la conséquence attachée à une injustice subjective, c'est-à-dire une peine pour le perdant. Ce n'était pas pour l'individu dont on avait irrité le sentiment du droit, une satisfaction suffisante que de remettre le droit en honneur, il fallait encore le dédommager spécialement de l'offense que son adversaire coupable ou non lui avait faite. Il en serait vraisemblablement aujourd'hui, comme il en fut autrefois à Rome, si nos paysans avaient à dicter les lois. Cette méfiance disparut toutefois en principe, même du droit Romain, par suite du progrès qui fit distinguer deux sortes d'injustice: l'injustice coupable et non coupable, ou subjective et objective (ingénue comme disait Hégel).

Cette distinction n'est toutefois que d'une importance secondaire pour la question qui m'occupe ici, à savoir: quelle conduite doit tenir en présence de l'injustice, l'individu qui est lésé. Elle exprime bien la manière dont le droit envisage la question, elle fixe les conséquences que l'injustice entraîne, mais elle ne dit rien de l'individu, elle n'explique pas comment l'injustice irrite son sentiment du droit, qui ne se règle pas d'après les idées d'un système. Un fait particulier peut se produire dans des circonstances telles, que la loi envisage le cas comme une lésion du droit objectif, et que l'individu soit pourtant complètement fondé à supposer mauvaise foi, injustice calculée de la part de son adversaire, et il est parfaitement équitable, que ce soit son jugement qui lui dicte la conduite qu'il doit tenir. Le droit peut bien me donner contre l'héritier de mon créancier qui ne connaît pas la dette, et soumet son paiement à ma preuve, la même *condictio ex mutuo* que contre le débiteur qui nie impudemment le prêt que je lui ai fait, ou en refuse sans cause le remboursement, mais je n'en considérerai pas moins sous un jour tout différent, la manière d'agir de l'un et de l'autre. J'assimile le débiteur au voleur, il cherche à m'enlever mon bien, et en pleine connaissance de cause, c'est l'arbitraire qui se révolte contre le droit, la seule différence est qu'il peut ici se couvrir d'un manteau légal. Je compare au contraire l'héritier du débiteur au possesseur de bonne foi, il ne nie pas que le débiteur doit payer, mais seulement ma prétention qu'il est le débiteur, et je puis lui appliquer tout ce que j'ai dit de celui à qui je le compare, je puis transiger avec lui, me désister même, mais je dois poursuivre le débiteur de mauvaise foi, et je dois le faire quoiqu'il coûte; c'est un devoir, et ne pas l'accomplir serait sacrifier ce droit et le droit tout entier.

Mais le peuple dira-t-on, sait-il donc que le droit de la propriété et celui de l'obligation sont des conditions de l'existence morale de la personne? S'il le sait? Non sans doute! mais ne le sent-il pas? c'est là une autre question que j'espère arriver bientôt à résoudre affirmativement. Que sait donc le peuple aussi des reins, des poumons, du foie comme conditions de l'existence physique? Mais pourtant il n'est personne qui ne sente un élancement dans le poumon, une douleur dans les reins ou dans le foie, et qui ne comprenne l'avertissement que ce mal lui adresse. La douleur physique nous annonce un dérangement dans l'organisme, la présence d'une influence funeste; elle nous ouvre les yeux sur le danger qui nous menace, et nous oblige par la douleur qu'elle nous cause à y remédier à temps. Ainsi en est-il de la douleur morale que nous cause l'injustice volontaire, l'arbitraire. Son intensité varie comme celle de la douleur physique, et dépend (je m'étendrai plus loin sur ce point) de la sensibilité subjective, de la forme et de l'objet de la lésion, mais elle s'annonce néanmoins dans tout individu qui n'est pas complètement blasé, c'est-à-dire habitué à l'illégalité réelle. Cette douleur morale le force par le fait même à combattre la cause d'où elle naît, non pas tant pour en finir avec la douleur, que pour maintenir la santé qui se trouverait compromise, s'il souffrait passivement sans réagir. Elle lui rappelle en un mot, le devoir qu'il a de défendre son existence morale, comme la douleur du corps lui rappelle le devoir de défendre son existence physique. Prenons le cas le moins douteux, une attaque à l'honneur, et le corps dans lequel le sentiment de l'honneur est le plus développé et le plus sensible, le corps des officiers. Un officier qui a patiemment supporté une offense faite à son honneur, s'est rendu impossible. Pourquoi donc? La défense de l'honneur n'est-elle pas un devoir purement personnel? Pourquoi le corps des officiers vient-il attacher une importance spéciale à son accomplissement? C'est qu'il sent bien et avec raison, que toute sa position dépend nécessairement du courage qu'apportent ses membres à la défense de leur personnalité, et qu'un corps qui est par sa nature même la représentation de la bravoure personnelle, ne peut souffrir la lâcheté de l'un des siens sans se sacrifier tout entier. Opposons maintenant notre paysan, qui défend sa propriété, avec toute la tenacité dont il est capable; pourquoi n'agit-il pas ainsi, quand il y va de son honneur? C'est qu'il a lui aussi le vrai sentiment des conditions particulières de son existence. Il n'est pas appelé à faire preuve de courage, mais à travailler, sa propriété n'est que la forme visible du travail qu'il a fait dans son passé. Un paysan paresseux qui ne soigne pas son champ ou dissipe légèrement son avoir, est aussi méprisé des autres qu'un officier qui fait bon marché de son honneur l'est de ses collègues; mais un homme des champs ne reprochera pas à un autre de ne s'être pas battu ou de n'avoir pas intenté un procès pour une injure, et un capitaine n'ira pas blâmer son collègue d'avoir été un mauvais administrateur. La terre que cultive le paysan et le bétail qu'il élève, sont pour lui la base de toute son existence, et la passion excessive avec laquelle il intente un procès au voisin qui lui a pris quelques pieds de terre, ou au marchand qui ne lui paie pas les boeufs qu'il lui a vendus n'est qu'une manière différente, mais sa manière à lui, de combattre pour le droit que l'officier fait valoir l'épée à la main. Ils se sacrifient l'un et l'autre sans réserve, sans s'inquiéter des conséquences, et c'est leur devoir, ils ne font qu'obéir à la loi particulière de leur conservation morale. Faites les asseoir sur les bancs du jury, soumettez d'abord aux officiers un délit de propriété, aux paysans une question d'honneur, puis intervertissez les rôles, et voyez quelle différence dans les verdicts. Il est avéré qu'il n'y a pas de juges plus rigides en matière de propriété que les paysans; et bien que je ne puisse en appeler sur ce point à mon expérience, je gagerais pourtant, que si un paysan se présentait par hasard avec une action en réparation d'injures, le juge l'amènerait beaucoup plus facilement à transiger que s'il s'agissait d'une question de propriété. Le paysan de l'ancien droit Romain se contentait de 25 as pour un soufflet, et si on lui avait crevé un oeil, on pouvait encore néanmoins s'entendre avec lui, il se laissait faire, et au lieu de rendre la pareille comme il y était autorisé, il transigeait. Mais il exigeait que la loi l'autorisât à réduire en servitude le voleur qu'il saisissait en flagrant délit, en cas de résistance, le droit de le tuer, et la loi le lui accordait.

Permettez-moi d'ajouter un troisième exemple, celui du commerçant. Le crédit est pour lui, ce que l'honneur est pour l'officier, et la propriété pour le paysan. Il doit le maintenir, car c'est là sa condition vitale. Celui qui l'accuserait de n'avoir pas ponctuellement rempli ses obligations, le blesserait plus sensiblement que s'il l'attaquait dans sa personne ou dans sa propriété, tandisqu'un officier rirait peut-être d'une pareille accusation, et qu'un paysan ne sentirait même pas le reproche qu'elle renferme. C'est cette situation spéciale du commerçant, qui fait que les lois actuelles ont restreint à sa personne, et à celles qui peuvent lui être assimilées, le délit de banqueroute simple, et le crime de banqueroute frauduleuse.

Je n'ai pas seulement voulu constater par ce que je viens d'établir, que l'irritabilité du sentiment légal se présente sous une forme ou sous une autre, et varie selon les classes et les conditions, puisque l'individu mesure le caractère blessant d'une lésion, à l'intérêt que sa classe peut avoir à ne pas la souffrir. La constatation de ce fait devait uniquement me servir, à placer dans son vrai jour, cette vérité d'un ordre bien supérieur, que tout individu attaqué défend dans son droit les conditions de son existence morale. C'est en effet justement dans ces qualités, où nous avons reconnu les conditions essentielles à l'existence de ces classes, que le sentiment du droit se manifeste à son plus haut degré de sensibilité; et c'est bien là une preuve, que la réaction du sentiment légal ne se produit pas exclusivement comme une passion ordinaire, d'après la nature spéciale du tempérament et du caractère des individus, mais qu'une cause morale agit en elle, et c'est le sentiment: que tel ou tel titre de droit est précisement d'une nécessité absolue, pour le but particulier de la vie de cette classe ou de cet individu. Le degré d'énergie, avec lequel le sentiment réagit contre une lésion, est à mes yeux une règle certaine pour connaître jusqu'à quel point un individu, une classe, ou un peuple sent la nécessité du droit, tant du droit en général que de l'un de ses titres, pour lui et le but spécial de son existence. Ce principe est pour moi d'une vérité générale, et s'applique au droit public comme au droit privé.*)

Si les charges spéciales à une classe et à une profession, peuvent conférer à certains titres de droit une plus haute importance, et augmenter par conséquent la sensibilité du sentiment légal de la personne qui se voit attaquée dans le principe même de sa vie, elles peuvent aussi l'affaiblir. Il n'est pas possible que les domestiques entretiennent et développent en eux le sentiment de l'honneur comme les autres classes de la société, car il y a certaines humiliations attachées à leur position, et l'individu cherche en vain à les écarter tant que la classe entière les supporte. Quand le sentiment de l'honneur se révolte dans un homme soumis à cette condition, il ne lui reste plus, qu'à rabaisser ses prétentions au niveau de celles de ses semblables, ou à changer d'occupation. Si toutefois une pareille sensibilité s'empare de la masse, alors, mais alors seulement, s'ouvre pour l'individu l'espérance de ne pas épuiser

*) Je n'ai pas à m'étendre ici d'avantage, sur la première partie de cette idée, mais il me sera peut-être permis de présenter néanmoins quelques réflexions. L'irritabilité que les différentes classes manifestent, quand elles sont atteintes dans un de ces droits qui forment la base de leur existence, se renouvelle aussi dans les États quand on attaque ces institutions qui semblent représenter le principe spécial qui les fait vivre. Le thermomètre de leur irritabilité, et par conséquent la mesure de la valeur qu'ils attachent à ces institutions, est le code pénal. Le contraste frappant qui existe sur ce point entre les diverses législations, s'explique en grande partie par la considération de la différence qu'il y a entre les conditions de l'existence morale des peuples. Tout État punira avec la plus grande sévérité, les attaques faites à son principe vital, tandis qu'il n'appliquera ordinairement dans les autres cas, que le minimum de la peine. Un État théocratique punit de mort le blasphème et l'idolâtrie, mais il se contentera peut-être d'appliquer la peine du vol si on a déplacé des bornes servant de séparation aux propriétés, tandisqu'un État agriculteur ferait à peu pres le contraire. La législation d'un pays marchand réservera ses plus grands châtiments pour le faux monnayeur, et pour le faussaire en général, celle d'un pays militaire pour l'insubordination ou pour refus de service. Le gouvernement absolu sévira en première ligne contre le crime de lése-majesté, le gouvernement républicain, contre toute tentative faite pour rétablir le pouvoir royal; et tous les États feront ainsi preuve d'une rigueur, qui comparée à la peine qu'ils infligent dans les autres cas, produira un contraste des plus choquants. C'est en un mot quand les peuples et les individus sont attaqués dans les conditions spéciales de leur existence, que la réaction du sentiment légal se manifeste avec le plus de violence. Les légistes savent, que ce sont là des considérations que Montesquieu a eu l'immortel mérite de présenter le premier, et de développer dans son Esprit des lois.

ses forces en une résistance inutile. Il pourra les réunir à celles des hommes dont le cœur bat à l'unisson du sien, les employer utilement à relever dans ses semblables le sentiment de l'honneur, et à leur assurer encore un plus haut dégré de considération, de la part des autres classes de la société et des lois elles-mêmes. L'histoire du développement social des cinquante dernières années, peut enregistrer sur ce point un progrès immense. Ce que je viens de dire aurait pu s'appliquer, il y a cent cinquante ans, à la plupart des classes; le sentiment de l'honneur qui s'est élevé en elles, n'est que le résultat et l'expression de leur position légale qu'elles ont su établir.

Le sentiment de l'honneur et celui de la propriété, peuvent être quant à leur irritabilité placés sur une même ligne. Il est possible que le vrai sentiment de la propriété, — car je n'entends pas par cette expression, l'amour du lucre, la chasse à l'argent et à la fortune, mais ce noble sentiment du propriétaire dont j'ai présenté le paysan comme modèle et qui défend son bien, non parce qu'il a une valeur, mais parce que c'est son bien — il est possible dis-je, que ce sentiment s'affaiblisse sous l'influence délétère de causes et de situations malsaines, et la ville où nous vivons nous en fournit la meilleure preuve. Qu' y a-t-il de commun, se demanderont beaucoup, entre ma propriété et ma personne? Mon bien n'est qu'un moyen de subvenir à mon existence, de me procurer de l'argent, des plaisirs, et de même qu'il n'y a pas de devoir moral qui m'oblige à m'enrichir, il ne peut pas y en avoir non plus qui me contraigne à intenter pour une bagatelle un procès qui me coûtera beaucoup, et qui troublera mon repos. Le seul motif qui me pousse à agir judiciairement, n'est autre que celui qui me guide dans l'acquisition ou dans l'emploi de ma fortune, mon bien-être; une question de propriété est donc purement et simplement une affaire d'intérêt.

Ceux qui raisonnent ainsi, me semblent avoir perdu le vrai sentiment de la propriété parce qu'ils en ont déplacé la base naturelle. Ce n'est ni la richesse, ni le luxe, qui n'offrent aucun danger pour le sentiment du droit dans le peuple, que je rends responsables d'une pareille doctrine, mais l'immoralité du gain. La source historique et la justification morale de la propriété est le travail, non seulement celui des mains et des bras, mais encore celui de l'intelligence et du talent, et je ne reconnais pas seulement à l'ouvrier, mais aussi à son héritier un droit au produit du travail, c'est-à-dire que je trouve dans le droit de succession une conséquence nécessaire et indispensable du principe de la propriété. Je maintiens en effet, qu'il n'est pas plus permis d'empêcher l'ouvrier de se refuser la jouissance de ce qu'il a gagné, que de la laisser à un autre, tout aussi bien pendant sa vie qu'après sa mort. C'est cette connexion continuelle avec le travail qui peut seule maintenir la propriété jeune et sans tache; c'est seulement à cette source où elle doit se rafraîchir sans cesse qu'elle laisse voir ce qu'elle est en réalité pour l'homme, et qu'elle paraît claire et transparente jusque dans ses profondeurs. Mais plus elle s'en éloigne pour se perdre dans les sentiers détournés du gain facile et complètement dénué de peine; plus aussi le courant devient trouble jusqu'à ce qu'il ait perdu dans la fange des jeux de bourse et d'un agiotage frauduleux, toute trace de ce qu'il était à sa naissance. Quand les choses en sont là, c'est-à-dire quand la propriété a perdu son dernier reste d'idée morale, il est bien évident qu'il ne peut plus être question d'en appeler au devoir moral de sa défense, il n'y a plus ici moyen de rien entendre au sentiment de la propriété, tel qu'il vit dans l'homme qui doit gagner son pain à la sueur de son front. Ce qu'il y a de plus triste en tout ceci, c'est que les opinions et les habitudes qu'engendrent de telles doctrines s'étendent hélas peu à peu à des cercles dans lesquels elles ne se seraient pas développées spontanément et sans contact.*) On ressent jusque dans la cabane du pauvre, l'influence qu'exercent des millions gagnés en jouant à la bourse, et tel homme qui transporté dans un autre milieu eut goûté par expérience le bonheur du travail, ne le supporte sous le poids énervant d'une pareille atmosphère que comme une malédiction. Le communisme ne saurait grandir que dans ce marais où s'est complètement égarée l'idée de la propriété; mais à la source du courant on ne le trouvera pas. On peut vérifier à la campagne, dans un sens complètement opposé, ce fait d'expérience: que la manière dont les cercles élevés envisagent la propriété ne se restreint pas à eux seuls, mais s'étend encore aux autres classes de la société. Celui qui vit dans ses terres, mais sans pourtant se tenir complètement endehors de tout rapport avec le paysan, prendra involontairement, et quand bien même son caractère et sa position ne l'y pousseraient pas, quelque chose de ces

*) Nos petites villes Allemandes qui sont le siège d'une Université, et que les étudiants font pour ainsi dire vivre en offrent une preuve intéressante. La manière dont ceux-ci pensent et agissent quant à l'emploi de l'argent, se communique involontairement à la population.

sentiments de la propriété et de l'économie qui distinguent l'homme des champs. Le même individu sera en moyenne et toutes choses égales d'ailleurs, économe à la campagne quand il vivra avec le paysan, et prodigue dans une ville comme Vienne s'il se trouve avec des millionnaires.

Quelle que soit d'ailleurs la cause de cet affaiblissement du caractère que l'amour de la commodité porte à fuir le combat pour le droit, tant que la valeur de l'objet n'est pas de nature à lui conseiller la résistance, il ne s'agit pour nous que de le constater et que de le caractériser tel qu'il est. Qu'est-ce-que la philosophie pratique de la vie qu'il nous annonce, sinon la politique de la lâcheté? Le lâche qui abandonne le champ de bataille, sauve aussi ce que d'autres immolent, sa vie; mais il la sauve au prix de son honneur. Il n'y a que la résistance que les autres continuent de faire, qui le mette lui et la société à l'abri des conséquences que devrait nécessairement entraîner sa manière d'agir; si tous pensaient comme lui, leur perte serait certaine. Ainsi en est-il de ce lâche abandon du droit. Il est comme acte isolé sans conséquence, mais s'il devenait jamais une maxime de conduite, c'en serait fait du droit tout entier. C'est encore grâce, dans ce cas même, à ce que le combat du droit contre l'injustice n'a pas à en souffrir dans son ensemble, qu'une défection isolée peut paraître sans danger. Les individus ne sont pas en effet les seuls qui soient appelés à prendre part à la lutte; quand un État est organisé, la puissance publique y participe largement, en renvoyant au tribunal du juge, toutes les attaques particulièrement graves faites au droit d'un individu, à sa vie, à sa personne ou à sa propriété, et les particuliers se trouvent ainsi débarassés à l'avance de la partie la plus pénible du travail. Toutefois ce n'est pas assez, la police et le ministère public veillent encore à ce que le droit ne soit jamais sacrifié, quand il s'agit de lésions abandonnées à la poursuite individuelle, car tout le monde ne suit pas la politique du lâche, et ce dernier même se place parmi les combattants, quand il croit que la valeur de l'objet mérite le sacrifice de ses aises. Mais supposons un état de choses où l'individu n'a pas cette protection que lui assurent la police et la bonne administration de la justice, reportons-nous à ces temps primitifs, où comme à Rome, la poursuite du voleur et du brigand était exclusivement l'affaire de celui qu'on avait lésé, qui ne voit jusqu'où aurait pu conduire ce lâche abandon du droit? Neût-ce pas été un encouragement pour les voleurs et les brigands? Ceci peut littéralement s'appliquer à la vie des nations. Tout peuple ne relève en effet que de lui-même, et il n'y a pas de pouvoir supérieur qui le décharge du soin de défendre son droit; je n'ai donc qu'à rappeller l'exemple de la lieue carrée, et ce sera dire quelle conséquence aurait pour la vie des peuples, l'application de cette théorie qui prétend mesurer la résistance contre l'injustice à la valeur matérielle de l'objet en litige. Une maxime qui est inconcevable, qui cause le dépérissement et la ruine du droit partout où on veut l'appliquer, ne peut être juste, quand ses conséquences fatales sont accidentellement paralysées par l'influence bienfaisante d'autres circonstances. J'aurai plus loin l'occasion de montrer l'action funeste, qu'elle exerce même dans un de ces cas relativement favorables.

Rejetons la donc bien loin de nous cette morale de la commodité dont aucun peuple, aucun individu ayant un sentiment du droit bien sain n'a jamais fait la sienne. C'est le signe et le produit d'un sentiment légal paralysé et malade, c'est tout simplement le pur et grossier matérialisme dans le domaine du droit. Le matérialisme a bien aussi dans ce domaine sa raison d'être. Profiter de son droit, s'en servir et même le faire valoir ne sont, quand il s'agit d'une injustice purement objective, qu'une vraie question d'intérêt, et le droit n'est d'après la définition que j'en ai donnée*) qu'un intérêt protégé par la loi. Mais en présence de l'arbitraire qui se dresse pour attaquer le droit, cette considération matérielle perd toute sa valeur, car l'arbitraire ne peut léser mon droit, sans s'attaquer en même temps à ma personne.

Que mon droit ait pour objet telle ou telle autre chose, peu importe. Si le hasard me mettait en possession d'un objet, je pourrais justement m'en trouver dépouillé sans qu'il y ait lésion pour ma personne; mais ce n'est pas le hasard, c'est ma volonté qui établit un lien entre lui et moi, et seulement pour la valeur du travail qu'il m'a coûté ou qu'il a coûté à un autre, c'est une partie de mon travail et de mon passé, ou du travail et du passé d'un autre que je possède et défends en lui. En me l'appropriant, je lui ai imprimé le cachet de ma personne, quil' attaque m'attaque, car ma propriété, c'est moi. La propriété n'est que la périphérie de la personne étendue à une chose.

Cette connexion du droit avec la personne confère à tous les droits de quelque nature qu'ils soient, cette valeur incommensurable que j'ai appelée idéale, par opposition à cette valeur

---

*) Voir mon „Esprit du Droit Romain"; III. §. 60.

purement réelle qu'ils ont au point de vue de l'intérêt. C'est ce rapport intime qui fait naître dans la défense du droit ce dévouement et cette énergie que j'ai essayé de peindre plus haut. Cette conception idéale n'est pas un privilège réservé aux natures d'élite, elle est possible pour tous, pour l'homme le plus grossier et le plus cultivé, pour le plus riche et le plus pauvre, pour les peuples sauvages comme pour les nations policées, et c'est précisément là ce qui nous montre, que ce point de vue idéal a sa source même dans la nature la plus intime du droit: il ne fait en réalité que prouver le bon état du sentiment légal. Le droit qui semble d'un côté reléguer l'homme, exclusivement dans la basse région de l'égoïsme et de l'intérêt, l'élève donc d'autre part à une hauteur idéale, où il oublie toutes ces subtilités, tous ces calculs, cette mesure de l'intérêt qu'il avait appris à appliquer partout, pour se sacrifier purement et simplement à la défense d'une idée. Le droit qui est d'un côté la prose, devient dans la lutte pour une idée la poésie, car le combat pour le droit, est en vérité la poésie du caractère.

Comment s'opère donc tout ce prodige? Ce n'est ni par le savoir ni par l'éducation, mais par le simple sentiment de la douleur. La douleur est le cri de détresse, l'appel au secours de la nature menacée; et cela est vrai comme je l'ai déjà fait remarquer, non seulement de l'organisme physique, mais encore de l'être moral. La pathologie du sentiment légal est pour le légiste et pour le philosophe du droit, ou plutôt devrait être, car il serait inexacte de prétendre qu'il en est déjà ainsi, ce que la pathologie du corps humain est pour les médecins, elle révèle vraiment le secret du droit tout entier. La douleur que l'homme éprouve quand il est lésé, est l'aveu spontané, instinctif, violemment arraché de ce que le droit est pour lui, pour lui d'abord personnellement, et pour l'individu de sa classe. La vraie nature et l'importance réelle du droit se révèlent plus complètement en un semblable moment, et sous forme d'affection morale, que pendant un siècle de douce jouissance. Celui qui n'a pas personnellement éprouvé cette douleur, ou n'en a pas été témoin dans les autres, ne sait pas ce que c'est que le droit, eût-il dans la tête tout le Corpus Juris. Ce n'est pas la raison, mais le sentiment qui peut seul résoudre cette question; aussi le langage a-t-il bien nommé la source primitive et psychologique de tout droit en l'appelant: le sentiment légal. Conscience du droit, persuasion légale, sont autant d'abstractions de la science que le peuple ne comprend pas, la force du droit repose dans le sentiment comme celle de l'amour, et la raison ne peut remplacer le sentiment quand il fait défaut. Mais de même qu'il arrive souvent que l'amour ne se connaît pas, et qu'un seul moment suffit pour qu'il se révèle entièrement à soi-même, de même en est-il du sentiment légal; tant qu'il n'a pas été lésé il ne se connaît ordinairement pas, et ne sait ce dont il est capable, mais l'injustice est la mise à la Question qui le fait parler, met la vérité au jour et la force dans tout son éclat. J'ai déjà dit en quoi consiste cette vérité. Le droit est la condition de l'existence morale de la personne, et le maintenir, c'est défendre l'existence morale elle-même. Ce n'est pas seulement douleur, mais bien plutôt la violence ou la tenacité avec laquelle le sentiment du droit réagit contre une lésion, qui est la pierre de touche de sa santé. Le degré de douleur qu'éprouve la personne blessée, est tout simplement l'indice de la valeur qu'elle attache au bien qu'elle est menacée de perdre. Mais sentir la douleur sans prendre à coeur l'avertissement qu'elle donne d'écarter le danger, la supporter avec patience sans se défendre, n'est qu'un négation du sentiment du droit, que les circonstances peuvent peut-être excuser dans un cas donné, mais qui à la longue, ne laisserait pas d'avoir pour le sentiment lui-même les plus funestes conséquences. L'action est en effet de la nature même du sentiment légal qui ne peut exister qu'à condition d'agir; s'il n'agit pas, il s'émousse et s'éteint peu à peu complètement jusqu'à ce qu'il ait presque tout-à-fait perdu la faculté sensitive. L'irritabilité et l'action c'est-à-dire la faculté de sentir la douleur causée par un mépris de notre droit, et le courage joint à la resolution de repousser l'attaque, sont le double criterium auquel on peut reconnaître si le sentiment du droit est sain.

Il me faut renoncer à développer ici davantage, ce sujet aussi intéressant qu'instructif de la pathologie du sentiment légal, mais vous me permettrez pourtant encore quelques réflexions. Vous savez quelle action différente exerce une même lésion sur des personnes appartenant à diverses classes, et j'ai essayé d'expliquer ce phénomène. La conclusion pour nous, est que le sentiment du droit n'est pas également froissé par toutes les attaques, il s'affaiblit et s'irrite dans la mesure, où les individus, les classes et les peuples voient dans le mépris qu'on fait de leur droit, une atteinte plus ou moins directe à la condition de leur existence morale. Celui qui voudrait continuer d'étudier la question à ce point de vue, serait largement récompensé de ses efforts. Je désirerais ajouter aux exemples de l'honneur et de la propriété, un titre que je recommande spécialement à votre attention, le mariage; quelles réflexions ne s'attachent pas à la manière différente dont les individus, les peuples et les législations envisagent l'adultère!

La seconde condition du sentiment légal, la force d'action est une pure affaire de caractère. L'attitude d'un homme ou d'un peuple en présence d'une atteinte faite à son droit, est la pierre de touche la plus sûre qu'on puisse avoir pour le juger. Si nous entendons par caractère, la personnalité pleine et entière qui se maintient et ne relève que d'elle-même, il n'y a certainement pas de meilleure occasion de mettre cette noble qualité dans son jour, qu'en présence de l'arbitraire qui attaque tout à la fois le droit et la personne. Les formes sous lesquelles se produit la réaction causée par une atteinte au sentiment légal et à celui de la personnalité, qu'elle se traduise sous l'influence de la douleur en voies de fait passionnées et sauvages, ou quelle se manifeste par une résistance pleine de mesure et tenace, ne peuvent servir en aucune manière à déterminer la force du sentiment du droit. Ce serait donc une erreur des plus grossières, que d'accorder à une nation sauvage et à un homme du peuple un sentiment plus ardent que celui de l'homme bien élevé, parceque ceux-là prennent ordinairement le premier parti et celui-ci le second. Les formes sont plus ou moins une question d'éducation et de tempérament, mais une résistance ferme, résolue et tenace ne le cède en rien à une réaction violente et passionnée. Il serait d'ailleurs déplorable qu'il en fût autrement. Ce serait dire que le sentiment du droit s'éteint dans les individus et dans les peuples, en proportion du progrès qu'ils font dans leur développement intellectuel. Un regard jeté sur l'histoire et sur ce qui se passe dans la vie suffit pour nous convaincre du contraire Ce n'est pas non plus dans l'antithèse de la richesse et de la pauvreté qu'on peut trouver la solution. Si différente que soit la mesure économique d'après laquelle le riche et le pauvre jugent une même chose, elle n'est pourtant dans une attaque à la propriété, comme je l'ai fait remarquer plus haut, d'aucune application. Il ne s'agit pas dans ce cas de la valeur matérielle de l'objet, mais de la valeur idéale du droit et par conséquent de l'énergie du sentiment légal relativement à la propriété, ce n'est donc pas la quantité plus ou moins grande de richesse, mais la force du sentiment légal qui décidera. La meilleure preuve que je puisse en fournir, est celle que m'offre le peuple Anglais.

Sa richesse n'a nullement altéré son sentiment du droit, et nous avons assez souvent sur le continent occasion de nous persuader de l'énergie avec laquelle ce sentiment se manifeste dans de simples questions de propriété. Vous connaissez tous cette figure passée en type de l'Anglais en voyage, qui pour ne pas consentir à être victime de la duperie des hôteliers et des cochers, oppose une virilité de résistance telle, qu'on dirait qu'il ne s'agit là de rien moins que de défendre le droit de la Vieille-Angleterre. Il ajourne son voyage s'il le faut, il reste plusieurs jours et dépense dix fois la somme qu'il ne veut pas payer. Le peuple en rit sans le comprendre; ah! il vaudrait bien mieux qu'il le comprît. Dans les quelques francs que défend là cet homme, il y va en effet de l'Angleterre, et là-bas dans sa patrie chacun le comprend, et il n'est aussi personne qui ose si facilement le tromper. Mon intention n'est certes pas de vous faire la moindre peine, mais la question est tellement sérieuse, que je me vois forcé d'établir un parallèle. Supposons un Autrichien appartenant à la même position sociale, possédant les mêmes ressources pécuniaires, comment agira-t-il en pareille occurrence? Si je devais m'en rapporter sur ce point à mon expérience personnelle, je dirais qu'il n'y en aura pas dix sur cent à imiter l'exemple de l'Anglais. Ils reculent devant les désagréments d'une dispute, devant l'éclat ou la possibilité de donner prise à une mauvaise interprétation, ce que l'Anglais n'a pas à craindre en Angleterre, et ce qu'il prend tranquillement chez nous pardessus la marché; en un mot ils paient. Mais dans le franc que refuse l'Anglais et que paie l'Autrichien, il y a quelque chose de l'Angleterre et de l'Autriche, il y a l'histoire séculaire de leur développement politique, et de leur vie sociale. Cette pensée m'offre une transition facile, mais permettez-moi de finir cette première partie, en rappelant le principe que je posais en la commençant: La défense du droit est un acte de la conservation personnelle, et par suite un devoir de celui qu'on a lésé envers lui-même.

Je veux maintenant essayer d'établir, que la défense du droit est en même temps un devoir envers la société.

Je dois pour le prouver, montrer le rapport qui existe entre le droit objectif et subjectif. Quel est-il donc? C'est rendre, je crois, d'une manière exacte, la théorie aujourd'hui admise que de dire: le premier suppose le second. Un droit concret ne peut naître que de la réunion des conditions que le principe du droit abstrait attache à son existence. Voilà tout ce que la doctrine aujourd'hui dominante sait nous dire de leurs rapports; or ce n'est là qu'un côté de la question. Cette théorie fait exclusivement ressortir la dépendance du droit concret par rapport au droit abstrait, et elle ne dit absolument rien de ce rapport de dépendance qui n'existe pas moins en sens inverse. Le droit concret rend au droit abstrait la vie et la force qu'il en reçoit. Il est dans la nature du droit qu'il se réalise pratiquement. Un principe légal qui n'est jamais entré en vigueur, ou qui a perdu sa force, ne mérite plus ce nom, c'est un rouage usé qui ne sert plus dans le mécanisme du droit, et qu'on peut enlever sans en déranger en rien la marche générale. Cette vérité s'applique sans restriction à toutes les parties du droit, au droit public comme au droit criminel et au droit privé. La législation Romaine a dureste explicitement sanctionné cette doctrine en faisant de la *desuetudo* une cause de l'abrogation des lois; la perte des droits concrets par le non-usage prolongé (non-usus) est exactement la même chose. Mais tandisque la réalisation pratique du droit public et du droit pénal est assurée parce quelle est imposée comme devoir aux fonctionnaires publics, celle du droit privé est présentée aux particuliers sous forme de droit, c'est-à-dire complètement abandonnée à leur libre initiative, et à leur propre activité. Le droit ne sera pas une lettre morte, il se réalisera dans le premier cas, si les autorités et les fonctionnaires de l'État font leur devoir, dans le second, si les individus font valoir leur droit. Mais si dans un cas quel qu'il soit, par ignorance, par commodité ou par peur, ces derniers restent généralement et longtemps inactifs, le principe légal perdra par le fait même sa valeur. Les dispositions du droit privé, pouvons-nous donc dire, n'existent en réalité et n'ont de force pratique, que dans la mesure où on fait valoir les droits concrets, et si ceux-ci doivent l'existence à la loi, il n'est pas moins vrai que d'autre part ils la lui rendent. Le rapport qui existe entre le *droit objectif et subjectif*, ou abstrait et concret rappelle la circulation du sang qui part du cœur où il retourne.

La question d'existence de tous les principes du droit public, repose sur la fidélité des employés dans l'accomplissement de leurs devoirs; celle des principes du droit privé, sur l'efficacité de ces motifs qui portent le lésé à défendre son droit: l'intérêt et le sentiment. Si ces mobiles ne le servent pas, si le sentiment est émoussé et éteint, si l'intérêt n'est pas assez puissant pour l'emporter sur l'amour de la commodité, pour vaincre l'aversion contre la dispute et le combat, pour dominer la peur d'un procès, il s'ensuit tout simplement que le principe légal n'entre pas en vigueur.

Mais qu'importe dira-t-on? Le lésé n'est-il pas seul en cause? Je reprends l'exemple d'un individu qui fuit le combat. Si mille soldats sont en ligne, il peut bien se faire qu'ils n'aient pas à souffrir de la défection d'un seul, mais si cent d'entre eux abandonnent le drapeau, la position de ceux qui lui restent fidèles devient de plus en plus critique, car tout le poids de la lutte retombe sur eux. Cette image reproduit bien, ce me semble, l'état de la question. Il s'agit aussi sur le terrain du droit privé, d'un combat du droit contre l'injustice, d'un combat commun de toute la nation dans lequel tous doivent tenir fortement ensemble. Déserter dans un pareil cas, est aussi trahir la cause commune, car c'est grossir les forces de l'ennemi en augmentant sa hardiesse et son audace. Quand l'arbitraire et l'illégalité osent lever effrontément et impudemment la tête, on peut toujours reconnaître à ce signe, que ceux qui étaient appelés à défendre la loi n'ont pas rempli leur devoir. Or chacun est chargé dans sa position de défendre la loi quand il s'agit du droit privé; tout homme est chargé dans sa sphère, de garder et de faire exécuter les dispositions légales. Le droit concret qu'il possède, n'est qu'une autorisation qu'il tient de l'État de combattre pour la loi à l'occasion de son propre intérêt, et d'entrer dans la lice pour résister à l'injustice; c'est une autorisation partielle et limitée contrairement à celle du fonctionnaire qui est absolue et générale. C'est donc le droit tout entier pour lequel il combat en maintenant son droit personnel dans le petit espace où il s'exerce. L'intérêt et les conséquences de son action s'étendent par le fait même bien au delà de sa personne. L'avantage général qui en résulte, n'est pas seulement cet intérêt idéal, que l'autorité et la majesté de la loi sont protégées, mais cet autre bienfait très-réel, souverainement pratique, compris et apprécié de tous, même de ceux qui n'entendent rien au premier, à savoir: que l'on défend et que l'on assure l'ordre établi des rapports sociaux. Supposez que le maître n'ose plus rappeler ses domestiques à leurs devoirs, que le créancier n'ose plus faire saisir son débiteur, que le public n'attache plus dans les achats une minutieuse importance au poids et à l'observation des taxes, pensez-vous qu'il n'y aura que l'autorité de la loi en danger? Ce sera sacrifier en un sens l'ordre de la vie civile, et il est difficile de dire où s'arrêteront les funestes conséquences de pareilles fautes, si le crédit tout entier par ex: n'en sera pas atteint d'une manière très-sensible. Je ferai en effet tout mon possible, pour ne pas avoir affaire à des gens qui m'obligent à discuter et à combattre quand mon droit est évident, et alors mes capitaux se porteront sur d'autres places, et je tirerai mes marchandises de l'extérieur.

Quand un pareil état de choses existe, le sort de ceux qui ont le courage de faire observer la loi, est en vérité un martyre; leur sentiment énergique et ardent du droit fait justement leur malheur. Abandonnés de tous ceux qui devraient être leurs alliés naturels, ils restent complètement seuls en présence de l'arbitraire que l'apathie et la lâcheté de tous les autres rendent de plus en plus audacieux, et s'ils réussissent enfin à acheter au prix de grands sacrifices la satisfaction de s'être restés fidèles, ils ne recueillent encore peut-être pour reconnaissance, que la raillerie et le ridicule. Ce ne sont pas ceux qui transgressent la loi qui assument la responsabilité d'un pareil état de choses, mais ceux qui n'ont pas le courage de la défendre. N'accusons pas l'injustice de supplanter le droit, mais le droit qui se laisse faire; car pour moi si j'avais à classer d'après leur importance pratique, ces deux maximes: „Ne commets pas d'injustice" et „N'en souffre aucune" je donnerais comme première règle „Ne souffre aucune injustice" et comme seconde „N'en commets aucune". Si nous prenons l'homme tel qu'il est, il n'y a pas de doute que la certitude de rencontrer une résistance ferme et résolue, sera bien plus puissante pour l'empêcher de commettre une injustice, qu'une simple défense dont toute la force pratique n'est en réalité que celle d'un précepte de la loi morale.

Dira-t-on maintenant que je suis allé trop loin, en prétendant que la défense d'un droit concret n'est pas seulement un devoir de l'individu qu'on a attaqué envers lui-même, mais aussi envers la société? Si ce que j'ai dit est vrai, s'il est établi qu'en défendant son droit il défend la loi, et dans la loi l'ordre indispensable au bien public, qui osera soutenir qu'il n'accomplit pas en même temps un devoir envers la société? Si l'État a le droit de l'appeler à combattre contre l'étranger, s'il peut l'obliger à se sacrifier tout entier et à donner même sa vie pour le salut public, pourquoi donc n'aurait-il pas le même droit, quand il est attaqué par l'ennemi intérieur qui ne menace pas moins son existence que l'autre? Et si la lâche fuite est dans le premier cas une trahison de la chose commune, pourrions-nous dire ici qu'il en est autrement? Non, il ne suffit pas pour que le droit et la justice florissent dans un pays, que le juge soit toujours prêt à monter sur son siège, et la police disposée à dépêcher ses agents; il faut encore que chacun contribue pour sa part à cette grande oeuvre, car tout homme a la charge et le devoir de briser quand elle se dresse, la tête de cette hydre, qu'on appelle l'arbitraire et l'illégalité.

Inutile de faire ressortir combien s'ennoblit à ce point de vue l'obligation où est chacun de faire valoir son droit. Notre théorie actuelle ne nous parle que d'une attitude exclusivement passive par rapport à la loi, et ma doctrine met à la place un état de réciprocité, dans lequel le combattant rend à la loi le service qu'il en reçoit lui-même. C'est lui reconnaître dèslors la mission de coopérer à une grande oeuvre nationale. Peu importe du reste, que la question lui apparaisse sous ce jour ou sous un autre; car ce qu'il y a de grand et d'élevé dans la loi morale, c'est précisément qu'elle n'a pas seulement à compter sur les services de ceux qui la comprennent, mais qu'elle possède assez de moyens de toute nature pour faire agir ceux qui n'ont pas l'intelligence de ses préceptes. C'est ainsi que pour contraindre l'homme au mariage, elle fait agir chez l'un le plus noble des ressorts humains, chez l'autre le grossier appétit des sens, dans un troisième elle met en mouvement l'amour des aises, dans un quatrième enfin la cupidité; mais quoiqu'il en soit, tous se marient. Que ce soit donc aussi dans le combat pour le droit, l'intérêt, la douleur que cause une lésion légale, ou l'idée du droit qui pousse les hommes à entrer dans la lice, tous ne s'en donnent pas moins la main pour travailler à une oeuvre commune: la protection du droit contre l'arbitraire.

Nous avons atteint le point idéal de notre combat pour le droit. Partant du bas motif de l'intérêt, nous nous sommes élevés au point de vue de la défense morale de la personne, pour arriver enfin à ce commun travail d'où doit sortir la réalisation de l'idée du droit elle-même.

Quelle haute importance ne prend pas le combat de l'individu pour son droit, quand il se dit: C'est le droit tout entier qu'on a lésé et nié dans mon droit personnel, c'est lui que je vais défendre et rétablir. Comme elle est loin de cette hauteur idéale où l'élève une pareille pensée, cette basse région du pur individualisme, des intérêts personnels, des desseins égoïstes, des passions, qu'un homme peu cultivé prend pour le vrai domaine du droit.

C'est là justement dira-t-on, peut-être, une idée si élevée, que le philosophe du droit seul peut la saisir; elle n'est d'aucune application dans la pratique, car personne n'intente un procès pour l'idée du droit. Il me suffirait pour refuter cette objection de rappeler l'institution des actions populaires*) en droit Romain, qui est une preuve des plus évidentes du contraire; mais nous ne rendrions justice ni à notre peuple, ni à nous-mêmes, si nous allions nous refuser ce sentiment idéal. Tout homme qui s'indigne et éprouve une colère morale en voyant l'oppression du droit par l'arbitraire, le possède sans aucun doute. Tandis en effet qu'un motif égoïste se mêle au sentiment pénible que provoque une lésion personelle, cette douleur-ci au contraire a exclusivement sa cause dans le pouvoir de l'idée morale sur le coeur humain. C'est l'énergie de la nature morale qui proteste contre l'attentat au droit, c'est le témoignage le plus beau et le plus élevé que le sentiment légal puisse donner de lui-même, c'est un phénomène moral aussi intéressant et aussi instructif pour l'étude du philosophe que pour l'imagination du poète. Il n'y a pas que je sache d'autre affection qui puisse opérer si subitement dans l'homme une transformation si radicale, car il est prouvé qu'elle a le pouvoir d'élever les natures même les plus douces et les plus conciliantes à un état de passion qui leur est sans cela complètement étranger; ce qui montre bien qu'elles ont été atteintes dans la partie la plus noble de leur être, et qu'on les a touchées à la fibre la plus delicate. C'est le phénomène de l'orage dans le monde moral. Il est grandiose,

---

*) Je ferai remarquer pour ceux de mes lecteurs qui n'ont pas étudié le droit, que ces actions populaires (actiones populares) offraient à qui voulait l'occasion de se faire le représentant de la loi, et de poursuivre celui qui l'avait violée. Ce droit ne se restreignait pas aux cas où il s'agissait de l'intérêt public, et par conséquent aussi de celui de l'accusateur; mais on pouvait en faire usage, toutes les fois qu'un individu envers qui on avait commis une injustice, n'était pas capable de se défendre suffisamment, soit par ex: le cas où on avait lésé un mineur dans une vente, celui où un tuteur avait été infidèle envers son pupille etc. et d'autres qu'on peut trouver dans mon „Esprit du droit Romain", *tom.* 3, 2. Édit. page 111. Ces actions renfermaient donc un appel à ce sentiment idéal qui défend le droit parceque c'est le droit, et sans aucun intérêt personnel. Quelques unes en appelaient aussi à ce mobile ordinaire de la cupidité, en faisant espérer à l'accusateur l'amende qu'on exigerait de l'accusé, et c'est précisément ce qui marquait cette occupation mercantile de la tache que les récompenses accordées aux dénonciateurs, font reposer chez nous sur la dénonciation elle-même. Si j'ajoute que les accusations de la seconde catégorie ont disparu de bonne heure en droit Romain, et que celles de la première n'existent presque plus dans le droit actuel de la plupart des nations, chacun de mes lecteurs saura la conclusion qu'il doit en tirer.

majestueux dans ses formes par la rapidité, l'imprévu et la puissance de son explosion, par le pouvoir de cette force morale, qui, semblable à un ouragan ou à un élément en furie se déchaîne et renverse tout devant elle, puis redevient calme, bienfaisante, et produit pour l'individu comme pour tous une purification morale de l'air que respire l'âme. Mais si la force limitée de l'individu va se briser contre des institutions qui accordent à l'arbitraire une protection qu'elles refusent au droit, il est bien évident que l'orage retombe sur son auteur, et alors de deux choses l'une, ou bien son sentiment légal froissé en fera un de ces criminels dont je parlerai plus loin, ou bien il nous offrira le spectacle non moins tragique d'un homme, qui portant constamment dans son coeur l'aiguillon que l'injustice à laquelle il ne peut résister y a laissé, perd peu à peu la vie morale et toute croyance au droit.

J'accorde bien que ce sentiment idéal du droit que possède l'homme pour qui une attaque ou une lésion de l'idée légale est plus sensible qu'une atteinte personnelle, et qui se sacrifie sans intérêt à la défense du droit opprimé comme s'il s'agissait du sien propre, est le privilège des natures d'élite. L'homme positif, réaliste, dépouillé de toute aspiration idéale, qui n'éprouve dans l'injustice que le tort fait à son intérêt, comprend pourtant parfaitement ce rapport que j'ai établi entre le droit concret et la loi, et que j'ai ainsi résumé: Mon droit est le droit tout entier, en me défendant je défends tout le Droit qu'on a lésé en s'attaquant à moi. Il peut paraître paradoxal, et il n'est pourtant que très-juste de représenter cette manière de voir comme n'étant pas très-familière aux légistes. La loi, d'après l'idée que nous nous en faisons, n'est absolument pour rien dans le combat pour le droit concret, il ne s'agit pas dans ce combat, de la loi abstraite, mais de sa forme matérielle d'un daguerréotype en quelque sorte, dans lequel elle n'a fait que se fixer, sans qu'il soit possible de l'atteindre immédiatement elle-même. Je ne discouviens pas de la nécessité technique de cette manière de voir, mais elle ne doit pourtant pas nous empêcher de reconnaître la justesse de l'opinion opposée, qui plaçant la loi et le droit concret sur une même ligne, voit par conséquent dans la lésion du second, une attaque faite à la première. Cette opinion est, ce me semble, pour un esprit non-prévenu beaucoup plus exacte que notre théorie juridique. La meilleure preuve de ce que j'avance, est l'expression même dont on se sert en Allemand et qu'on employait en Latin. Le plaignant en „appelle chez nous à la Loi“ et les Romains nommaient l'accusation „legis actio". C'est donc dans les deux cas la loi qui est en question, c'est elle qu'on va discuter dans un cas particulier, et ce point de vue est de la plus haute importance, spécialement pour l'intelligence des procès dans l'ancien droit Romain. Le combat pour le droit est donc en même temps un combat pour la loi. Il ne s'agit pas seulement d'un intérêt personnel, d'un fait isolé où elle se corporifie, d'un daguerréotype comme je le nommais, dans lequel on saisit et fixe au passage un de ses rayons lumineux qu'on peut diviser et briser sans l'atteindre elle-même, mais il s'agit de la loi qu'on a méprisée, foulée aux pieds, et qui doit être défendue sous peine de devenir une phrase banale, un mot vide de sens. Le droit personnel ne peut être sacrifié, sans que la loi le soit également.

Cette manière de voir que j'appellerai en deux mots la solidarité de la loi avec le droit concret, est, comme je l'ai établi plus haut, l'expression réelle de leurs rapports dans leur nature la plus intime. Elle n'est pas toutefois si profondément cachée, que le pur égoïste incapable de toute idée supérieure ne puisse la saisir, c'est peut-être elle au contraire qu'il comprend le mieux, car son intérêt est de s'associer l'État dans la lutte. C'est par ce moyen, qu'il se trouve ensuite élevé sans le savoir, sans le vouloir audessus de son droit et audessus de lui-même, jusqu'à cette hauteur idéale où il se sent le représentant de la loi. La vérité reste la vérité, alors même que l'individu ne la reconnaît et ne la défend qu'à l'étroit point de vue de son intérêt personnel. Ce sont la haine et l'esprit de vengeance, qui poussent Shylok à demander au tribunal l'autorisation de couper sa livre de viande des entrailles d'Antoine, mais les paroles que le poète lui prête sont aussi vraies sur ses lèvres que sur d'autres. C'est le langage que le sentiment du droit blessé parlera partout et toujours, c'est la puissance de cette persuasion inébranlable, que le droit doit pourtant rester le droit; c'est l'élan passionné d'un homme ayant conscience qu'il ne combat pas seulement pour sa personne, mais aussi pour une idée.

> La livre de viande que je réclame,

lui fait dire Shakespeare,

> Je l'ai chèrement payée, elle est à moi et je la veux.
> Fi donc de votre justice si vous me la refusez!
> Le droit de Venise est alors sans force.
> ..... C'est la loi que j'assigne.
> ..... Je m'appuie ici sur mon titre.

La poète a dans ces quatre mots „j'assigne la loi" déterminé le vrai rapport du droit au point de vue objectif et subjectif, et la signification du combat pour sa défense, mieux que n'aurait pu le faire un philosophe. Ces quatre mots changent la prétention de Shylok en une question dont l'objet est le droit même de Venise. Quelle attitude courageuse et colossale ne prend pas cet homme, dans sa faiblesse, quand il prononce ces paroles! Ce n'est plus le juif qui réclame sa livre de viande, mais la loi de Venise elle-même qui frappe à la barre de la justice, car son droit et le droit de Venise ne font qu'un, le premier ne peut périr sans l'autre. Si pourtant il succombe enfin sous le poids de la sentence du juge qui annule son droit par une choquante plaisanterie,*) si nous le voyons brisé par la douleur, couvert du ridicule le plus amer, complètement abattu, n'en pouvant mais, s'éloigner en vacillant, pouvons-nous alors nous défendre de ce sentiment, que le droit de Venise est humilié dans sa personne, que ce n'est pas le juif Shylok qui s'éloigne à grand peine, mais un homme qui représente le juif du moyen-âge, ce paria de la société qui crie envain: Justice. Cette oppression du droit dont il est la victime n'est pourtant pas le côté le plus émouvant de son sort; ce qu'il y a de souverainement tragique c'est que cet homme, que ce juif du moyen-âge croit au droit, on dirait presque comme un chrétien. Sa foi est aussi ferme qu'un rocher, rien ne peut l'ébranler, le juge même l'alimente jusqu'au moment où la catastrophe l'écrase comme un coup de tonnerre, l'arrache à son erreur, et lui apprend qu'il n'est que ce juif du moyen-âge à qui on ne rend justice qu'en le trompant. — Cette figure de Shylok m'en rappelle une autre, qui n'est ni moins historique, ni moins poétique, celle de Michel Kohlhaas que Henri de Kleist a représentée avec une vérité saisissante, dans la Nouvelle qui porte ce nom. Shylok se retire complètement brisé

*) L'intérêt souverainement tragique que nous offre Shylok, repose précisément pour moi en ce qu'on *ne lui rend pas justice*, car c'est la conclusion qui ressort pour un légiste. Le poète peut évidemment se faire une jurisprudence à sa guise, et nous n'avons pas à regretter que Shakespeare ait agi ici de la sorte, ou plutôt qu'il n'ait rien changé à la vieille fable. Mais le *légiste* qui étudiera la question, sera bien obligé de dire que le titre était sans valeur, puisqu'il contenait quelque chose d'immoral, et que le juge appuyé sur cette seule raison, aurait pu débouter à l'avance le plaignant. S'il ne le faisait pas, si le „sage Daniel“, le laissait valoir quand même, c'était employer un pitoyable subterfuge, une misérable ruse de chicane que d'autoriser un homme à couper une livre de viande, en lui défendant de faire couler le sang nécessaire à l'opération. Un juge pourrait tout aussi bien accorder au propriétaire d'une servitude, le droit de passage et ne pas lui permettre de laisser de traces, parce que ce n'est pas stipulé dans la concession de servitude. On serait tenté de croire que cette histoire de Shylok s'est passée dans ces temps primitifs de Rome, alors que les auteurs de la loi des douze tables, crurent nécessaire de faire expressément remarquer, que le créancier autorisé à agir sur le corps de son débiteur, (in partes secare) devait avoir quant à la grosseur des morceaux la main complètement libre. (Si plus minusve secuerint, sine fraude esto!)

par la douleur, ses forces sont épuisées, il subit sans résister l'arrêt du juge. Mais avec Michel Kohlhaas c'est autre chose. Quand il a épuisé tous les moyens d'arriver à faire valoir son droit si indignement méprisé, quand un acte coupable de justice exercée par le cabinet du prince lui a fermé tout chemin légal, et que l'autorité a jusque dans son plus haut représentant, le souverain, pris fait et cause pour l'injustice, la douleur indicible que lui cause un pareil outrage l'emporte sur lui: „Mieux vaut être chien, qu'être homme et se voir fouler aux pieds“ s'écrie-t-il, et dèslors sa résolution est bien prise: „Celui qui me refuse la protection des lois ajoute-t-il, me relègue avec les sauvages du désert, et me met à la main la massue qui doit me défendre.“ Il arrache à cette justice vénale, le glaive souillé qu'elle porte, et il le brandit de telle manière, que l'épouvante et l'effroi se répandent au loin dans le pays, son action est telle, que cet état pourri est ébranlé jusque dans ses fondements, et que le prince tremble sur son trône. Ce n'est pas toutefois le sentiment sauvage de la vengeance qui l'anime, il ne se fait pas brigand et meurtrier comme Charles Moor qui voulait „faire retentir dans toute la nature le cri de la révolte, pour conduire au combat contre la race des hyènes, l'air, la terre la mer“, et qui déclare la guerre à toute l'humanité, parce qu'on a blessé son sentiment du droit, non, il agit au contraire sous l'influence de cette idée morale: „qu'il a envers le monde le devoir de consacrer toutes ses forces à se procurer satisfaction, et à mettre ses concitoyens à l'abri de semblables injustices“. C'est l'idée à laquelle il sacrifie tout, le bonheur de sa famille, l'honneur de son nom, tous ses biens, son sang et sa vie. Il ne détruit pas pour détruire, il a un but, c'est de tirer vengeance du coupable et de tous ceux qui font cause commune avec lui. Enfin, quand il voit se lever l'espérance d'arriver à obtenir justice, il dépose volontairement les armes; mais comme s'il avait été choisi pour nous montrer par son exemple, jusqu'à quelle profondeur d'ignominie, l'illégalité et la bassesse de caractère osaient descendre à cette époque, on viola le sauf-conduit qu'on lui avait donné, on revint sur l'amnistie, et il termina sa vie sur la place où on exécutait les coupables. Pourtant avant de mourir, on lui rend justice, et cette pensée de n'avoir pas combattu en vain, d'avoir remis le droit en honneur, et d'avoir maintenu sa dignité humaine, élève son coeur au dessus des horreurs de la mort, et reconcillié avec lui-même, avec le monde, avec Dieu, il s'abandonne résolument et de bon gré au bourreau. Quelles réflexions ne doit pas nous suggérer ce drame légal? Nous avons là un homme honnête, scrupuleusement ami du droit, plein d'amour pour sa famille, aux sentiments religieux et simples qui devient un Attila mettant à feu et à sang les villages où s'est refugié son ennemi. D'où vient donc cette transformation? Elle naît précisement de ces qualités où il puise cette grandeur morale qui le rend si supérieur à tous ses ennemis qui finissent pourtant par triompher; elle vient de son haut respect pour le droit, de la croyance à sa sainteté, de la force d'action que possède son sentiment légal qui est complètement juste et tout-à-fait sain. Ce qu'il y a de profondément émouvant dans le sort si tragique de cet homme, c'est que les qualités qui font l'avantage et la noblesse de sa nature, c'est-à-dire: ce sentiment ardent et idéal du droit, ce sacrifice héroïque et absolu à la défense d'une idée, en contact avec ce misérable monde d'alors où l'arrogance des Grands et des puissants n'était égalée que par la vénalité et la lâcheté des juges tournent précisément à sa perte. Les crimes qu'il a commis, retombent d'un double et triple poids, sur le Prince, ses fonctionnaires et ses juges qui l'ont violemment rejeté de la voie légale, dans celle de l'illégalité. Quelle que soit en effet l'injustice que nous puissions avoir à souffrir, si violente qu'elle soit, il n'y en a pas, pour l'homme non prévenu du moins, qui puisse être en aucune mesure comparée à celle que commet l'autorité établie par Dieu, quand elle viole la loi. Le meurtre judiciaire, comme le nomme parfaitement notre langue Allemande, est le vrai péché mortel du droit. Celui qui est chargé de garder et de protéger la loi s'en fait le meurtrier, c'est le médecin qui empoisonne son malade, le tuteur qui fait périr son pupille. Le juge qui s'était laissé corrompre, était aux premiers temps de Rome puni de la peine de mort. Il n'y a pas pour l'autorité judiciaire qui a violé le droit, d'accusateur plus écrasant que cette figure sombre et continuellement accusatrice de l'homme qu'une lésion du sentiment légal a rendu criminel; c'est son ombre même sous des traits sanglants Celui qui a été la victime d'une justice corrompue et partiale, se trouve presque violemment rejeté hors de la voie légale, il se fait le vengeur, l'exécuteur de son droit, et il n'est pas rare qu'en visant au delà du but direct, il ne devienne l'ennemi-juré de la société, brigand et homicide. Si sa nature est noble et morale comme celle de Michel Kohlhaas, elle pourra bien le protéger contre de semblables écarts, mais il deviendra criminel, et en souffrant la peine attachée à sa faute, martyr de son sentiment du droit. On dit que le sang des martyrs ne coule pas en vain, et cela peut bien avoir été vrai de lui, il est possible que son ombre suppliante ait suffi longtemps encore, pour qu'une oppression du droit, semblable à celle dont il avait-été la victime, fût de toute impossibilité.

J'ai voulu en évoquant cette ombre, montrer par un frappant exemple, jusqu'à quel point peut s'écarter précisément celui dont le sentiment du droit est énergique et idéal, quand l'imperfection des institutions légales, lui refuse une satisfaction légitime. Le combat pour la loi se change en un combat contre elle. Le sentiment du droit abandonné par le pouvoir qui devait le protéger, quitte lui-même le terrain légal et cherche à obtenir par ses propres forces ce que l'imprudence, la mauvaise volonté, l'impuissance lui refusent. Ce ne sont pas seulement des natures isolées, particulièrement pleines de vie ou portées à la violence dont le sentiment national du droit, si je puis m'exprimer ainsi, s'élève et proteste contre de semblables institutions légales; ces accusations et ces protestations se reproduisent parfois de la part de tout le peuple, dans certains faits qui, d'après leur but, ou la manière dont le peuple ou une classe déterminée les considère et les applique, peuvent être regardés comme des suppléments et des accessoires que la nation apporte aux institutions de l'État. Ce sont au moyen-âge les cours wehmiques et le cartel qui prouvent surabondamment l'impuissance ou la partialité des tribunaux correctionnels d'alors et la faiblesse de la puissance publique. C'est de nos jours, l'établissement du duel qui nous atteste sous une forme sensible, que les peines dont l'État punit une attaque faite à l'honneur ne satisfont pas le sentiment délicat de certaines classes de la société. Ce sont encore la vendetta du Corse, et cette justice populaire appliquée dans l'Amérique du Nord, qu'on appelle la justice de Lynch. Tout cela annonce bien clairement que les institutions légales ne sont pas en harmonie avec le sentiment du peuple ou d'une classe; et c'est dans tous les cas reprocher à l'État de les rendre nécessaires ou de les souffrir. Quand la loi les a proscrites, sans pouvoir arriver de fait à les faire disparaître, elles peuvent devenir pour l'individu, la source d'un conflit fort grave. Le Corse qui préfère obéir à la loi que de recourir à la vendetta, est méprisé des siens, celui au contraire qui cédant au point de vue national l'emploie, tombe sous le bras vengeur de la justice. Ainsi en est-il de notre duel. Celui qui le refuse quand le devoir l'impose à son honneur, se déconsidère, celui qui l'accepte est puni, et c'est là une position également pénible pour l'individu et pour le juge. C'est envain qu'on chercherait à découvrir des faits analogues dans l'histoire primitive de Rome; les institutions de l'État étaient alors complètement en harmonie avec le sentiment national. Ce fut seulement quand apparut le Christianisme, que les Chrétiens s'éloignèrent des tribunaux séculiers pour porter la cause devant l'évêque, absolument comme les juifs au moyen-âge, qui fuyaient les tribunaux catholiques pour en appeller à l'arbitrage de leurs rabbins.

Je n'ai plus rien à dire du combat de l'individu pour son droit. Nous l'avons étudié dans la gradation de ses motifs; et le considérant d'abord comme un pur calcul de l'intérêt, nous nous sommes élevés de ce bas dégré à cette considération idéale: le maintien de la personnalité, la défense des conditions de l'existence morale, pour arriver enfin à ce point de vue qui est le sommet le plus élevé, et d'où un faux pas peut précipiter l'homme qu'on a lésé dans l'abîme de l'illégalité: la réalisation de l'idée du droit.

L'intérêt de ce combat, loin de se restreindre au droit privé ou à la vie privée, s'étend au contraire bien au delà. Une nation n'est en définitif que l'ensemble des individus qui la composent, et elle sent, pense et agit, comme ses membres isolés sentent, pensent et agissent. Si le sentiment du droit dans les individus est émoussé, lâche, apathique, quand il s'agit du droit privé; si les obstacles que lui opposent des lois injustes ou des institutions mauvaises, ne lui permettent pas de se mouvoir et de se développer librement dans toute sa force; s'il est poursuivi quand il devrait être protégé et encouragé; s'il s'accoutume en conséquence à souffrir l'injustice, à la considérer comme un état de choses qu'on ne peut changer; qui pourrait croire qu'un homme dont le sentiment légal est si enchaîné, si apathique, si paralysé puisse se réveiller tout à coup, sentir violemment et réagir avec énergie quand il y va d'une lésion légale qui n'atteint pas l'individu mais le peuple tout entier, quand il s'agit d'un attentat à sa liberté politique, d'un morcellement, d'un renversement de sa constitution, ou d'une attaque étrangère! Comment donc celui qui n'a pas même été accoutumé à défendre courageusement son droit personnel, se sentirait-il poussé à sacrifier volontiers ses biens et sa vie pour le salut public? Comment espérer de l'homme qui en renonçant à son bon droit par amour de ses aises, n'a pas vu le dommage moral fait à sa personne et à son honneur, de celui qui n'a connu jusqu'alors en fait de droit, d'autre mesure que celle de son intérêt matériel, qu'il ait une autre manière de voir, quand il s'agit du droit et de l'honneur de la Nation? D'où sortirait donc tout-à-coup ce sentiment idéal qui s'est sans cesse démenti jusqu'à ce jour? Non cela ne peut être! Celui qui défend le droit privé, est aussi le seul à combattre pour le droit public et pour le droit des gens; il déploiera dans cette lutte, les qualités dont il a fait preuve dans l'autre, et ces qualités décideront l'affaire. Il est donc vrai de dire, qu'on recueillera dans le droit public et dans le droit des gens les fruits de ce qu'on aura semé, et de ce qui aura mûri pour la Nation dans le droit privé. C'est dans les profondeurs de ce droit, c'est dans les petits et les plus petits détails de la vie que doit se former et s'amasser lentement cette force, que doit s'entasser ce capital moral dont l'État a besoin pour pouvoir opérer en gros et atteindre son but. La véritable école de l'éducation politique n'est pas pour un peuple le droit public, mais le droit privé, et si on veut savoir comment une nation défendra dans une circonstance donnée, ses droits politiques et son rang international, il suffit de constater comment l'individu défend son droit personnel dans la vie privée. Je ne puis que rappeler ce que j'ai déjà dit de l'Anglais toujours prêt à combattre: il y a dans le franc que défend cet homme avec tenacité, l'histoire du développement politique de l'Angleterre. Personne n'osera arracher à un peuple où chacun a pour habitude de défendre bravement son droit jusque dans les plus petits détails, le bien qui lui est le plus précieux; aussi n'est-ce pas par hasard, que le peuple de l'Antiquité qui eut à l'intérieur le plus haut développement politique, et étala à l'extérieur le plus grand déploiement de forces, le peuple Romain, possédât aussi en même temps le droit privé le plus perfectionné. Le Droit c'est l'idéal, si paradoxal que cela puisse paraître, non pas l'idéal de la fantaisie, mais celui du caractère c'est-à-dire, de l'homme qui se reconnaît comme étant son propre but, et qui estime peu tout le reste, quand il est atteint dans ce domaine intime et sacré. Qu'importe d'ailleurs d'où vient l'attaque faite à son droit? qu'elle vienne d'un individu, de son gouvernement ou d'un peuple étranger, peu lui importe. Ce n'est pas en effet la personne de l'agresseur qui décidera de la résistance qu'il doit apporter, mais l'énergie de son sentiment du droit, la force morale qu'il déploie pour sa conservation personnelle. Il sera donc toujours vrai de dire, que la position politique d'un peuple à l'intérieur et à l'extérieur répond constamment à sa force morale. L'Empire du Milieu avec son bambou qui sert de verge pour les adultes, et ses centaines de millions d'habitants, n'atteindra jamais aux yeux des nations étrangères, le rang honoré qu'occupe le petit pays de la Suisse, dans le concert des peuples. Le naturel des Suisses n'est certainement en fait d'art et de poésie, rien moins qu'idéal, il est positif et pratique comme celui des Romains, mais dans le sens où j'ai pris ce mot en parlant du droit, on peut tout aussi bien le leur appliquer qu'aux Anglais.

L'homme dont le sentiment du droit, est ainsi sain et idéal saperait lui-même la base sur laquelle ce sentiment repose, s'il se contentait de se défendre, sans participer du reste au maintien du droit et de l'ordre. Il sait qu'en combattant pour son droit il défend le droit tout entier, mais il sait aussi qu'en luttant pour le respect du droit en général, il lutte pour son droit personnel. Quand cette manière de voir, quand ce sentiment profond pour la stricte légalité règne dans un endroit, on chercherait vainement à y découvrir ces phénomènes affligeants qui se présentent si souvent ailleurs. C'est ainsi que la masse du peuple ne prendra pas parti pour le criminel ou le transgresseur de la loi que l'autorité veut arrêter ou poursuivre, en d'autres termes qu'elle ne verra pas dans la puissance publique, l'ennemi naturel du peuple. Chacun sait là, que la cause du droit est sa cause, et il n'y a que le criminel qui sympathise avec le criminel; l'homme de bien au contraire, prêtera volontiers main forte à la Police et à l'Autorité.

Il est à peine nécessaire de tirer la conclusion définitive de tout ce que j'ai dit. Elle se résume en une phrase très-simple: il n'y a pas pour un État qui veut être considéré à l'extérieur, solide et inébranlable au dedans, de bien plus précieux à conserver et à soigner que le sentiment du droit dans la nation. Ce soin est un des devoirs les plus élevés et les plus importants de la pédagogie politique. C'est dans le bon état et dans l'énergie du sentiment légal de l'individu qu'un pays puise le plus de force, c'est là la garantie la plus sûre de sa propre existence à l'intérieur et à l'extérieur. Le sentiment du droit est la racine de l'arbre tout entier; si la racine ne vaut rien, si elle se dessèche dans les roches ou dans un sable aride, tout le reste n'est qu'une illusion; il suffira d'un orage pour déraciner l'arbre. Mais la tige et la cime ont l'avantage d'être exposées aux regards, tandisque les racines se cachent dans le sol et se dérobent à la vue. C'est sous terre, dans ces régions où maint politique-amateur ne trouve pas digne de descendre qu'agit l'influence destructive que des lois injustes et de mauvaises institutions de droit exercent sur la force morale du peuple. Celui qui se contente de considérer ainsi les choses à la surface, ne veut voir que la beauté de la cime, il n'a pas la moindre idée du poison qui monte de la racine dans le sommet. Mais le despotisme sait bien où il doit mettre la cognée pour renverser l'arbre, il ne touche pas tout d'abord à la cime, mais il détruit les racines. C'est en s'attaquant au droit privé, en méconnaissant les droits de l'individu que tout despotisme a commencé; quand cette oeuvre est finie, l'arbre tombe sans secousse. C'est pourquoi il faut lui opposer tout d'abord une courageuse résistance, et les Romains savaient bien ce qu'ils faisaient, quand ils profitèrent d'un attentat à la pudeur et à l'honneur d'une femme, pour en finir avec la Royauté d'abord et le Décemvirat ensuite. Détruire dans le payan le sentiment de la liberté personnelle en l'écrasant d'impôts et de corvées, placer l'habitant des villes sous la tutelle de la police, et ne lui permettre un voyage qu'en l'astreignant à se munir d'un passe-port, enchaîner la plume de l'écrivain, répartir les impôts d'après le bon plaisir et la faveur sont des principes tels, qu'un Macchiavel n'aurait pu en donner de meilleurs pour tuer dans un peuple tout sentiment viril, toute force morale, et assurer au despotisme une conquête sans résistance. On ne met nullement en ligne de compte, que la porte par où passent le despotisme et l'arbitraire, sert aussi a faire entrer l'ennemi extérieur; c'est seulement quand il est là, que les sages arrivent à reconnaître, mais trop tard, que le rempart qui peut le plus solidement protéger contre une attaque étrangère, est la force morale unie au sentiment légal du peuple. C'est dans cette époque féodale, où le paysan et l'habitant des villes étaient soumis à l'arbitraire et à l'absolutisme des Seigneurs, que l'Empire Allemand perdit la Lorraine et l'Alsace; comment ces provinces auraient-elles pu éprouver pour l'Empire, un sentiment qu'elles avaient cessé d'avoir pour elles-mêmes? —

Nous sommes seuls coupables, si nous ne saisissons que trop tard les leçons de l'histoire, il ne tient pas à elle que nous ne les comprenions à temps, car elle nous les donne toujours de manière à ce que nous puissions les entendre et en profiter. La force d'un peuple répond à celle de son sentiment légal; c'est donc veiller à la santé et à la force de l'État que de cultiver le sentiment du droit dans la nation. Je n'entends évidemment pas par ce soin l'école et l'enseignement, mais l'application pratique des principes de la justice dans toutes les positions de la vie. Il ne suffit pas toutefois de s'occuper seulement du mécanisme extérieur du droit; il peut en effet être tellement organisé et dirigé que l'ordre le plus parfait règne, et que le principe dont je faisais plus haut un devoir soit complètement méprisé. Le servage, le droit de protection que payait le juif, tant de principes et tant d'autres institutions d'une époque passée, étaient aussi autrefois conformes à la loi et à l'ordre. Il n'en est pourtant pas moins vrai, que toutes ces institutions étaient profondement en contradiction avec les exigences d'un sentiment légal qui est sain et fort, et qu'elles nuisaient beaucoup plus encore à l'État peut-être, qu'à l'habitant des villes, qu'au paysan et qu'au juif sur lesquels elles pesaient tout d'abord. C'est en déterminant d'une manière précise et claire le droit positif, en écartant de toutes les sphères du droit, non seulement du droit civil, mais encore des lois de police, de la législation administrative et financière tout ce qui peut choquer un homme dont le sentiment du droit est sain; c'est en proclamant l'indépendance des tribunaux, et en perfectionnant le mieux possible la procédure, qu'on arrivera plus sûrement à accroître la force de l'État, qu'en votant le plus haut des budgets militaires. Toute disposition arbitraire ou injuste émanant de la puissance publique, ou dont elle veut défendre l'éxistence, est une atteinte portée au sentiment légal de la nation, et partant à sa force même. C'est un péché contre l'idée du droit, il retombe sur l'État qui doit souvent le payer cher et avec usure, il y a même des circonstances où une pareille faute peut lui coûter une province. Tant s'en faut, que je veuille engager l'État à ne se mettre à l'abri de pareilles erreurs que pour ces raisons de convenance, je crois tout au contraire, que le premier et le plus sacré de ses devoirs est de travailler à la réalisation de cette idée pour elle-même. Mais c'est peut-être là une illusion de doctrinaire, et je n'irai pas blâmer l'homme d'État pratique, qui repousse une pareille demande en haussant les épaules. C'est aussi précisément pourquoi j'ai soulevé le côté pratique de la question qu'il saisit complètement, car l'idée du droit et l'intérêt de l'État se donnent ici la main. Il n'y a pas de sentiment légal si sain qu'il soit, qui puisse résister à la longue à l'influence d'un droit mauvais, il s'émousse et s'étiole. C'est que l'essence du droit, comme je l'ai souvent fait remarquer, consiste dans l'action. La liberté d'action est pour le sentiment légal, ce que l'air est pour la flamme; si vous la gênez, si vous la paralysez, vous tuez le sentiment.

Je pourrais m'arrêter ici, car j'ai épuisé mon sujet, mais j'espère que vous me permettrez d'attirer encore votre attention sur une question qui est intimement liée avec la matière dont je me suis occupé, c'est celle de savoir: En quelle mesure notre droit actuel, ou plutôt notre droit Romain d'aujourdhui tel qu'il est communément introduit en Allemagne, et qui est le seul que j'ose me charger de juger, répond aux conditions que j'ai développées jusqu'ici? Je n'hésite pas à dire catégoriquement, qu'il n'y répond en aucune manière. Il reste bien loin des légitimes prétentions qu'a le droit d'élever un homme dont le sentiment du droit est parfaitement sain. Ce n'est pas seulement parce qu'en beaucoup de cas il n'a pas trouvé la vraie solution, mais parce qu'il règne dans son ensemble une manière de voir qui est diamétralement opposée à cet idéalisme que j'ai représenté plus haut, comme constituant précisément la nature et le bon état du sentiment légal. Notre droit civil ne reproduit pas le moins du monde cette considération idéale qui nous présente dans une lésion, non seulement une attaque à la propriété, mais aussi à la personne même. Il n'a pour toutes les violations du droit, hormis l'attaque à l'honneur, d'autre mesure que celle de la valeur matérielle, il n'est que la parfaite expression d'un matérialisme pur et grossier.

Mais que doit garantir le droit à celui qui a été lésé dans sa propriété, dira-t-on, si ce n'est l'objet en litige ou sa valeur*,? En admettant la justesse de cette objection, il faudrait arriver à conclure, qu'on peut aussi décharger le voleur qui a remis l'objet volé Mais le voleur, poursuit-on, ne s'attaque pas seulement à la personne qu'il a lésée, mais aussi aux lois de l'État, à l'ordre légal, à la loi morale. Je voudrais bien qu'on me dise, s'il n'en est pas ainsi du débiteur qui nie de mauvaise foi le prêt qu'on lui a fait? du mandataire qui abuse indignement pour me tromper, de la confiance que j'ai mise en lui? Est-ce réparer la lésion qu'on a faite à mon sentiment du droit, que de ne m'accorder après de longs débats, que ce qui m'appartenait dès le principe? Mais abstraction faite de ce désir très-motivé d'obtenir satisfaction, n'est-il pas choquant de voir le déplacement d'équilibre naturel qui existe entre les parties? Le danger dont les menace une mauvaise issue du procès, consiste pour l'une dans la perte de son bien, et pour l'autre dans la reddition d'un objet qu'elle conservait injustement; dans le cas contraire, l'une aura l'avantage de n'avoir rien perdu, et l'autre celui de s'être enrichie aux frais de son adversaire. N'est-ce pas provoquer le plus éhonté des mensonges, et accorder une prime à la déloyauté? Je ne fais pourtant que

---

*) J'ai exprimé moi-même cette manière de voir dans mon écrit intitulé: „Ueber das Schuldmoment im römischen Privatrecht," Giessen en 1867, Page 61.• Je dois aux longues études que j'ai faites depuis sur ce sujet, l'opinion que j'émets aujourd'hui.

caractériser en réalité notre droit, et j'aurai plus loin l'occasion d'apporter des faits à l'appui, mais je crois que ce sera en faciliter la preuve, que de considérer d'abord par opposition, le point de vue sous lequel on envisageait cette question en droit Romain.

Je distingue à cet égard trois degrés de développement. Le sentiment du droit est dans la première période d'une violence complètement démesurée, si je puis m'exprimer ainsi, il n'est pas encore arrivé à se dominer, c'est l'ancien droit; dans la seconde, il règne en étalant une force pleine de mesure, c'est le droit intermédiaire; dans la troisième, il s'affaiblit et s'étiole, c'est la fin de l'Empire et particulièrement le droit de Justinien.

Je résume en peu de mots le résultat des recherches que j'ai faites et publiées, dans un autre ouvrage, sur la forme sous laquelle nous apparaît cette question dans son premier degré de développement. L'irritabilité du sentiment légal est telle à cette époque, que toute lésion, toute attaque au droit personnel est considérée comme une injustice subjective, sans prendre en considération l'innocence ou le degré de culpabilité de l'agresseur; aussi le plaignant exige-t-il par le fait même, de celui qui est formellement coupable, comme de celui qui ne l'est que matériellement une satisfaction en conséquence. Celui qui nie une dette évidente (nexum) ou le dommage qu'il a causé à la chose de son adversaire, paye, s'il succombe, le double; de même, celui qui dans un procès en revendication a retiré les fruits en qualité de propriétaire, s'il est condamné, doit en rendre le double, et pour avoir perdu le procès, il est encore obligé de sacrifier la somme déposée comme enjeu (sacramentum). Le plaignant qui succombe, est soumis à la même peine, car il a réclamé le bien d'autrui; mais s'il se trompe un peu dans l'évaluation de la somme qu'il demande en justice, bien que la dette soit d'ailleurs certaine, on le déboute complètement de sa demande.

Il est bien passé dans le droit nouveau quelque chose de ces dispositions et de ces principes de l'ancien, mais tout ce qui est propre au droit intermédiaire respire un tout autre esprit, qu'on peut caractériser en disant: C'est l'application et l'emploi d'une mesure dans tous les cas où il s'agit d'une atteinte au droit privé: On distingue rigoureusement l'injustice objective de l'injustice subjective. La première entraîne tout simplement la restitution de l'objet, la seconde entraîne de plus une punition, qui est tantôt l'amende, tantôt l'infamie, et cette application proportionnelle des peines est précisément une des pensées les plus saines du droit

Romain intermédiaire. Les Romains avaient un sentiment du droit trop juste, pour se contenter de permettre au dépositaire qui avait eu la perfidie de nier ou de détenir injustement le dépôt, au mandataire et au tuteur qui avaient abusé d'une position de confiance pour servir leurs intérêts, ou qui avaient sciemment négligé leurs devoirs, de se tirer d'affaire en rendant tout simplement la chose, ou en payant des dommages et intérêts; ils exigeaient encore qu'on punît le coupable, et d'abord comme satisfaction personnelle, puis aussi comme moyen d'intimidation. Les peines usitées étaient parfois l'infamie; c'était là une des plus graves qu'on puisse imaginer, car elle n'entraînait pas seulement la perte des droits de citoyen, mais aussi la mort politique. On l'appliquait dans tous les cas où la lésion revêtait le caractère d'une déloyauté spéciale. C'était aussi la peine pécuniaire dont on faisait un usage incomparablement plus étendu. On avait établi tout un arsenal de semblables moyens d'intimidation pour celui qui se laissait intenter ou intentait lui-même un procès dans une cause injuste. Ces peines consistaient d'abord en fractions de l'objet en litige $^1/_{10}$, $^1/_5$, $^1/_3$, $^1/_2$, puis elles s'élevaient jusqu'à plusieurs fois sa valeur, et se perdaient en certains cas où il n'était pas possible d'avoir raison de l'entêtement de l'adversaire dans l'infini, c'est-à-dire que le perdant devait payer tout ce que l'adversaire exigeait sous serment comme satisfaction suffisante. Il y avait en particulier deux formes de procédure „Les interdits prohibitoires du préteur, et les actions arbitraires" qui avaient pour but de placer l'accusé dans la nécessité de se désister, ou de s'attendre à être reconnu coupable d'avoir violé la loi de propos délibéré et à être traité en conséquence. Elles le contraignaient, quand il persistait dans sa résistance ou dans son attaque, à ne pas restreindre son action à la personne de l'accusateur, mais à agir aussi contre l'autorité, et c'est ainsi que ce n'était plus le droit du demandeur, mais la loi elle-même dans la personne de ses représentants qui se trouvait en question.

Le but qu'on se proposait en appliquant de telles peines, n'était autre que celui qu'on voulait atteindre en matière criminelle. C'était en effet d'une part, le but purement pratique de placer les intérêts de la vie privée à l'abri même de ces atteintes non comprises sous le nom de crimes; et d'autre part, le but idéal de remettre en honneur l'autorité de la loi, en rendant satisfaction au sentiment du droit qui avait été lésé, et je ne veux pas dire seulement dans la personne de celui qu'on avait directement attaqué, mais aussi dans celle de tous ceux qui avaient eu connaissance de l'incident. L'argent n'était donc pas le but qu'on avait en vue, mais seulement un moyen d'y arriver.*)

Cette manière dont le droit Romain intermédiaire envisageait la question est à mes yeux merveilleuse. Elle s'éloignait également de deux extrêmes, et du vieux droit qui plaçait l'injustice objective sur la même ligne que l'injustice subjective, et de notre droit actuel qui marchant dans une direction contraire, a ravalé celle-ci au niveau de celle-là. Elle rendait satisfaction complète aux prétentions légitimes que pouvait élever le sentiment du droit le plus juste, car elle ne se contentait pas de séparer rigoureusement les deux espèces d'injustice, mais elle savait encore discerner et reproduire avec minutie et intelligence, la forme, le mode, la gravité et toutes les nuances diverses de l'injustice subjective.

Je ne puis en arrivant au troisième dégré de développement du droit, tel qu'il a été définitivement fixé dans les Institutes de Justinien, m'empêcher de faire remarquer l'importance du droit de succession pour la vie des peuples, comme pour celle des individus. Que serait donc le droit de cette époque, si elle avait dû l'établir par ses propres forces? Mais de même que certains héritiers incapables de se procurer personnellement le stricte nécessaire, vivent de la richesse amassée par le testateur, de même aussi en est-il d'une génération décrépie, abâtardie; elle trouve dans le capital intellectuel amassé par l'âge vigoureux qui l'a précédée, de quoi subsister encore longtemps. Je n'entends pas dire seulement qu'elle jouit sans se donner aucune peine du travail des autres, mais je veux surtout faire remarquer qu'il est dans la nature des oeuvres, des créations, des institutions du passé de garder pendant un certain temps, et de raviver même l'esprit qui a présidé à leur naissance; elles recèlent en un mot une certaine force latente, que le contact change en une force active. C'est aussi en ce sens, que le droit privé de la République où s'était reflété ce sentiment énergique et vigoureux qu'avait possédé pour le droit le vieux peuple Romain, put servir à l'Empire, pendant quelque temps

---

*) On trouve dans les *actiones vindictam spirantes* une preuve toute particulière de ce que je viens de dire. Elles font complètement ressortir ce point de vue idéal, et montrent de la manière la plus saisissante, qu'elles n'ont pas pour objet une somme d'argent ou la restitution d'une chose, mais la réparation d'une atteinte portée au sentiment du droit et de la personnalité (magis vindictae quam pecuniae habet rationem). C'est pourquoi elles ne passent pas aux héritiers, on ne peut les céder, les créanciers ne peuvent les intenter en cas de cession de biens, elles s'éteignent après un laps de temps relativement très-court, et n'ont jamais lieu quand il est établi que le lésé n'a pas ressenti l'injustice qu'on lui a faite „ad animum suum non revocaverit" de injuriis 47. 10.

encore, de source rafraîchissante et vivifiante; c'était dans ce grand désert de la dernière époque, la seule oasis où coulât encore une eau fraîche. Mais le despotisme ressemble à ce Samo brûlant qui ne permet à aucune plante de se développer, et le droit privé ne pouvant à lui seul faire prévaloir et maintenir un esprit qui était méprisé partout ailleurs, dut céder lui aussi, bien qu'après tous les autres, à l'esprit du temps nouveau. Il se présente à nous sous des traits vraiment étranges, cet esprit de la nouvelle époque! On devrait s'attendre à trouver en lui les signes du despotisme, la sévérité, la dureté, le manque d'égards; eh bien non, sa physionomie est tout autre, elle n'exprime que la douceur et l'humanité. Mais cette douceur elle-même est despotique, c'est-à-dire que ce qu'elle donne à l'un, elle l'a enlevé à l'autre, c'est la douceur de l'arbitraire et du caprice, et non celle de l'humanité, c'est le trouble de la cruauté. Je n'ai pas à fournir ici toutes les preuves particulières sur lesquelles je pourrais appuyer cette opinion*) il me suffira, ce me semble, de faire ressortir un trait tout particulièrement significatif de ce caractère, et qui renferme un riche matériel historique; c'est l'effort fait pour améliorer la position du débiteur aux frais du créancier.**) On peut, je crois,

---

*) Les caractères étaient tellement affaiblis à cette époque qu'on ne put supporter la juste sévérité de l'ancien droit. C'est ainsi par ex: qu'on supprima les plus rigoureuses de ces peines qui avaient été appliquées dans les anciens procès.

**) Il est facile d'en trouver de nombreuses preuves dans les dispositions de Justinien. C'est ainsi qu'il accorde aux fidéjusseurs l'exception de discussion, aux codébiteurs re l'exception de division. Il fixe pour la vente du gage, le délai dérisoire de deux ans, et après que la propriété en a eté adjugée, il accorde encore au débiteur deux ans comme délai de retrait, et lui reconnaît même après ce temps, un droit à la plus value qu'a retirée le créancier en vendant la chose. On peut encore ajouter: l'extension du droit de compensation à ceux qui n'étaient pas citoyens, la datio in solutum, l'extension insensée de la défense usurae supra alterum tantum, la limitation de la prime d'assurance dans le foenus nauticum en la restreignant à 12 pour cent, la position exceptionnelle, princière qu'il fait à l'héritier en lui laissant le bénéfice d'inventaire etc. etc. Justinien rendit aussi possible d'obtenir un délai de paiement par décision de la majorité des créanciers, mais ce n'était là qu'une imitation des Moratoires de Constantin. C'est aussi à ses prédécesseurs, que revient le mérite d'avoir découvert la querela non numeratae pecuniae, la cautio indiscreta, et la loi Anastasia, tandisque la gloire d'avoir le premier sur le trône reconnu l'extrême laideur de la contrainte par corps, et de l'avoir abolie au nom de l'humanité, appartient à Napoléon III. Ce souverain ne s'est certainement pas plus gêné pour faire manoeuvrer la guillotine à Cayenne, que ne se gênaient les derniers empereurs Romains pour faire aux enfants innocents des criminels de lèse-majesté un sort qu'ils caractérisaient eux-mêmes en disant: „ut his perpetua egestate sordentibus sit et mors solatium et vita supplicium" (l. 5 cod. ad leg. Jul. maj. q. 8) mais l'humanité envers le débiteur n'en ressortait que mieux! Il n'y a vraiment pas de meilleure manière de s'accommoder avec l'humanité que de le faire aux frais des autres!

avancer cette opinion tout-à-fait générale: Sympathiser avec le débiteur est le signe auquel on peut reconnaître qu'une époque est débile. Elle nomme elle-même cette sympathie, humanité. Dans un âge plein de force, on veille avant tout à ce qu'il soit fait justice au créancier, dût le débiteur en périr. Le droit d'hypothèque privilégiée que Justinien accorda à l'épouse, venait aussi de cette humanité de son coeur dont il ne pouvait s'empêcher de se féliciter et qui le jetait lui-même dans un étonnement indicible, toutes les fois qu'il faisait une disposition nouvelle; mais c'était l'humanité de St Crépin volant le cuir des riches pour en faire des bottes aux pauvres.

Revenons enfin à notre droit Romain d'aujourd'hui! Peu s'en faut que je ne regrette d'en avoir parlé, car je me vois obligé de porter un jugement sans pouvoir le fonder ici comme je le voudrais, mais j'avouerai du moins ce que je pense de la question.

Je dirai pour résumer ma pensée en peu de mots, que je trouve dans l'ensemble de l'histoire, et dans toute l'application du droit Romain moderne une prépondérance marquée, mais que les circonstances ont rendue jusqu'à un certain point nécessaire, de l'érudition pure, sur le sentiment légal de la national, sur la pratique et la législation qui contribuent ordinairement d'une manière exclusive à former et à développer le droit. C'est un droit étranger, écrit en langue étrangère, introduit par les savants qui peuvent seuls parfaitement le comprendre, et exposé d'avance à l'influence contraire et changeante de deux intérêts complètement opposés qui se combattent même souvent, je veux dire l'intérêt de la s ience purement et simplement historique et celui de l'application pratique joint au développement du droit. La pratique n'a pas d'autre part, une force suffisante pour dominer complètement l'esprit de la matière, elle est par conséquent condamnée à une éternelle dépendance, à une éternelle tutelle de la théorie, et delà vient que le particularisme l'emporte dans la législation comme dans l'administration de la justice, sur les essais faibles et restreints qu'on fait pour arriver à la centralisation. Devrions-nous nous étonner, qu'un profond désaccord existe entre le sentiment de la nation et un pareil droit, que le droit ne soit pas plus à la portée du peuple, que le peuple n'est à la portée du droit. Nous détestons des institutions et des principes que les relations et les habitudes Romaines expliquaient parfaitement à Rome, parce que tout cela n'a plus chez nous la même raison d'être, et il n'y a jamais eu dans le monde une manière de rendre la justice qui ait eu plus de pouvoir que celle-ci, pour ébranler dans le peuple toute confiance dans le droit, et toute croyance à son existence. Que doit penser en effet, l'homme du peuple dont le jugement est simple et droit, si le juge, devant lequel il se présente avec un titre prouvant que son adversaire reconnaît lui devoir cent francs, déclare que le souscripteur n'est pas lié, parce que c'est là une cautio indiscreta? Que doit-il penser encore, quand un titre dans lequel il est textuellement établi que la dette a pour cause un prêt, ne possède de force probante qu'au bout de deux ans?

Je n'en finirais pas si je voulais citer des faits isolés; je préfère me contenter de signaler ce que je ne puis appeler autrement que deux égarements de notre Jurisprudence dans le droit civil, ils sont fondamentaux, et renferment une vraie semence d'injustice.

Le premier consiste en ce que notre Jurisprudence moderne, n'admet aucunement cette pensée si simple que j'ai développée et qui se résume en disant: qu'il ne s'agit pas seulement dans une lésion du droit d'une valeur matérielle, mais d'une satisfaction à rendre au sentiment qu'on à lésé. Notre droit ne connaît d'autre mesure que celle du matérialisme le plus bas et le plus grossier, il n'envisage la question qu'au point de vue de l'intérêt pécuniaire. Il me souvient d'avoir entendu parler d'un juge qui, pour être débarassé de ces petites chicanes de peu d'importance, s'offrait à payer lui-même au plaignant la somme en litige et était souverainement irrité, quand celui-ci n'acceptait pas sa proposition. Il était impossible d'arriver à faire entrer dans la tête de ce savant magistrat que le plaignant n'avait pas en vue une somme d'argent, mais son droit, et il n'était vraiment pas trop coupable, car il aurait pu rejeter sur la science le reproche qu'on lui aurait adressé. La condamnation pécuniaire qui était pour le magistrat Romain, le plus puissant moyen de rendre justice au sentiment idéal qu'on avait lésé*) est devenue, sous l'influence de notre théorie des preuves, un des expédients les plus tristes dont se soit jamais servi l'autorité judiciaire pour essayer de prévenir l'injustice. On exige que l'accusateur prouve jusqu'au dernier centime l'intérêt pécuniaire que le procès a pour lui. Qu'on juge donc ce que devient la protection du droit, quand un intérêt de cette nature n'est pas en jeu. Un bailleur refuse à son locataire, l'entrée d'un jardin dont celui-ci s'est réservé par contrat la jouissance, je me demande comment le preneur arrivera à évaluer la valeur pécuniaire de quelques heures passées

*) On peut apporter comme preuves de cette opinion qui s'éloigne de la doctrine généralement admise l. 7 de ann. (33. 1) l. 9. § 8. l. 11. § 1 de servo corr. (11. 8) l. 16. § 1 quod vi (43. 24), l. 6. 1. 7 de serv. exp. (18. 7), l. 1. § 2 de tut. rat. (27. 3), l. 54. pr. Mand. (17, 1), l. 71 i. f. de evict. (21. 2), l. 44 de man. (40. 4). C'était appliquer la condamnation pécuniaire, avec ce tact qui distingue aujourd'hui les tribunaux Français.

à prendre l'air dans un jardin? Un propriétaire reloue à une autre personne un logement qu'il a déjà loué mais qu'on n'a pas encore occupé, et le premier locataire doit se contenter pendant six mois d'un misérable réduit, avant de trouver un appartement à sa convenance; qu'on évalue donc ce dommage en argent, ou plutôt qu'on voie l'indemnité que le tribunal accorde! en France on touchera mille francs, en Allemagne rien du tout, car le juge Allemand répondra que des incommodités, si graves qu'elles soient d'ailleurs, ne peuvent s'apprécier en argent. Supposez encore qu'un professeur qui s'est attaché à une institution privée, trouve plustard une meilleure position, brise le contrat sans qu'on puisse lui trouver pour le moment un successeur et cherchez à évaluer en argent le malheur qu'il y a pour les élèves d'avoir été privés pendant quelques semaines et quelques mois peut-être des leçons de Français ou de dessin, ou bien encore la perte matérielle dont le directeur de l'établissement est la victime. Supposez enfin qu'une cuisinière quitte sans raison son service, que par suite de l'impossibilité où on est de la remplacer, les maîtres se trouvent dans le plus grand embarras, et cherchez à évaluer cela en argent. Notre droit n'accorde dans tous ces cas aucune protection, car celle qu'il donne a autant de valeur qu'une noix pour celui qui n'a plus de dents. C'est donc là précisément le règne de l'illégalité, et ce qu'il y a dans tout cela de plus pénible et de plus vexatoire, ce n'est pas l'embarras dans lequel on se trouve, mais ce sentiment amer que le bon droit peut être foulé aux pieds sans qu'il y ait moyen d'y remédier.

Ce n'est pas le droit Romain qu'on doit accuser de ce manque de coercition, car bien qu'il ait constamment tenu au principe qui exigeait que le jugement définitif portât seulement une condamnation pécuniaire, il a néanmoins toujours su l'appliquer de manière à satisfaire non seulement les intérêts matériels, mais à protéger aussi très-efficacement tous les autres intérêts légitimes. La condamnation à payer une somme d'argent, était le moyen de pression que le juge employait dans les affaires civiles pour assurer l'exécution de ses prescriptions. L'accusé qui se refusait à faire ce que le juge lui imposait, ne s'en tirait pas en rendant seulement la valeur pécuniaire de l'obligation à laquelle il était tenu, mais cette condamnation à payer une somme d'argent, se changeait pour lui en une peine, et c'est précisément ce résultat du procès qui assurait à celui dont on avait lésé le droit, une satisfaction à laquelle il tenait souvent beaucoup plus qu'à la somme d'argent. Notre droit n'accorde jamais cette satisfaction, il ne la comprend même pas, car il ne voit pas plus loin que l'intérêt matériel.

On écarte aussi maintenant en pratique, les peines qu'on

appliquait à Rome en matière de droit privé, et ce n'est guères qu'une conséquence de l'insensibilité de notre législation actuelle pour l'intérêt idéal qui est atteint dans une lésion du droit. L'infamie n'est plus aujourd'hui attachée à l'infidélité du dépositaire ou du mandataire. Le plus grand fripon vit de nos jours complètement libre et impuni, tant qu'il est assez adroit pour éviter tout ce qui pourrait tomber sous le coup du code criminel. Il est vrai qu'en revanche on trouve encore dans les livres de droit, que le mensonge frivole est passible d'amendes et de peines, mais tout cela n'est en pratique que très rarement appliqué. Quest-ce à dire en un mot, sinon que l'injustice subjective est ravalée chez nous au niveau de l'injustice objective? Notre droit actuel n'établit plus aucune différence entre le débiteur qui nie impudemment le prêt que je lui ai fait, et l'héritier qui le nie de bonne foi; entre le mandataire qui m'a trompé, et celui qui s'est simplement mépris, en un mot, entre une lésion préméditée, frivole de mon droit, et l'ignorance ou la maladresse; le procès se meut partout dans la sphère de l'intérêt matériel. Nos légistes actuels sont tellement éloignés de croire que la balance de Thémis doit, dans le droit privé comme dans le droit pénal, peser l'injustice et non pas seulement l'intérêt pécuniaire, qu'en osant faire cette remarque je dois précisément m'attendre à l'objection de ceux qui me diront, que c'est justement là la différence qui existe entre le droit pénal et le droit privé. Cela est vrai pour le droit actuel, et j'ajoute: malheureusement, mais pour le droit en soi? je le nie. Il faudrait en effet arriver tout d'abord à me prouver, qu'il y a une partie du droit dans laquelle l'idée de justice ne doit pas se réaliser dans toute son entendue, or qui dit justice, dit accomplissement de l'idée de culpabilité.

Le second de ces égarements vraiment funestes de notre jurisprudence moderne, consiste dans cette théorie des preuves qu'elle a établie. On serait tenté de croire qu'elle n'a été découverte que pour annihiler le droit. Si tous les débiteurs du monde s'étaient conjurés pour déjouer le droit de leurs créanciers, ils n'auraient pu trouver de meilleur moyen que cette théorie des preuves, on chercherait en vain un mathématicien qui en présentât une plus exacte. C'est surtout dans les procès en dommages et intérêts, qu'elle atteint le suprême degré de l'incompréhensible. On a récemment peint dans quelques écrits, et d'une manière si saisissante, le désordre odieux qui, pour employer l'expression d'un légiste Romain*),

*) Paul in l. 91. § 3. de V. O. (45. 1.) . . in quo genere plerumque sub autoritate juris scientiae perniciose erratur, mais le jurisconsulte songeait dans ce cas à un égarement tout autre.

„règne ici dans le droit sous le nom de droit,“ et le bienfaisant contraste qu'offre l'intelligent mode d'action des tribunaux Français que je n'ai besoin de rien ajouter; mais il est pourtant un cri dont je ne puis me défendre: Malheur à l'accusateur et courage à l'accusé!

Si je me résume, je puis dire que ce dernier cri est le mot d'ordre de notre jurisprudence théorique et pratique Elle a beaucoup avancé dans cette voie qu'avait frayée Justinien, ce n'est pas le créancier, mais le débiteur qui excite sa sympathie, et elle préfère sacrifier le droit de cent créanciers que de s'exposer à traiter trop sévèrement un débiteur.

Celui qui n'est pas versé dans le droit, pourrait à peine croire qu'il ait été possible d'augmenter encore cette illégalité partielle, dont nous a fait présent la fausse théorie des légistes qui s'occupent du droit civil et de la procédure. Il est pourtant des criminalistes antérieurs, qui se sont égarés au point de commettre ce que l'on peut appeller un attentat à l'idée du droit, et la faute la plus grossière dont la science se soit jamais rendue coupable envers le sentiment légal. Je veux parler de cette honteuse paralysation du droit de défense forcée, de ce droit primordial de l'homme qui est, comme le dit Cicéron, une loi que la nature même lui a imposée et dont les legislateurs Romains étaient assez naïfs de croire, qu'elle ne pouvait être méconnue dans aucune législation. („Vim vi repellere omnes leges omniaque jura permittunt.“) Comme ils auraient pu aux derniers siècles et dans notre siècle même se persuader du contraire! Il est vrai que les nouveaux savants reconnaissaient ce droit en principe, mais remplis pour le criminel de cette sympathie que les légistes du droit civil et de la procédure avaient pour le débiteur, ils cherchaient à le limiter et à le morceller en pratique de telle sorte que le criminel était, dans la plupart des cas, protegé au détriment de l'attaqué qui restait sans défense. Dans quel abîme profond ne voit-on pas se perdre le sentiment de la personnalité quand on descend dans la littérature de cette doctrine! quel oubli de la dignité humaine, quel dépérissement complet, quel abâtardissement de ce sentiment simple et juste du droit! ne se croirait-on pas transporté dans une société de chastes castrats! L'homme qui est menacé dans sa personne ou dans son honneur, doit donc se retirer et fuir,*) le droit doit faire place à l'injustice, et ces sages n'étaient en désaccord que sur la question de savoir: si les officiers, les nobles et autres personnes de condition devaient aussi s'enfuir. Un

*) Toute cette doctrine se trouve présentée dans l'ouvrage que K. Levita a publié sous le titre de: „Das Recht der Nothwehr,“ Giessen 1856, P. 158, etc.

pauvre soldat qui pour obeir à cet ordre s'était retiré deux fois, mais qui poursuivi par son adversaire avait enfin fait résistance et l'avait tué, était, „pour lui donner une leçon efficace, et pour offrir aux autres un exemple salutaire", tout simplement condamné à mort.

On accordait pourtant aux personnes d'une position spécialement élevée ou de haute naissance, le droit qu'on donnait aux officiers d'employer pour se défendre une légitime résistance, mais, vient ajouter l'un de ces auteurs, ils ne devraient pas aller jusqu'à tuer leur adversaire s'il ne s'agissait que d'une injure verbale. Il est au contraire d'autres personnes, même les fonctionnaires de l'État qu'on ne pourrait faire jouir de cet avantage, et quant aux officiers de la justice civile, on se contente de leur dire: „qu'ils ne sont après tout, malgré leurs prétentions, que des hommes de loi, n'ayant d'autre droit que les lois communes du pays, et pas d'autres réclamations à faire." Ce sont toutefois les marchands qui s'en tiraient encore le moins bien. „Les commerçants même les plus riches," est-il dit, „ne font pas exception à la règle, leur honneur consiste dans leur crédit, et ils n'ont d'honneur qu'aussi longtemps qu'ils ont de l'argent, ils peuvent donc bien sans danger de perdre leur honneur ou leur réputation, souffrir qu'on leur dise quelques injures, ou s'ils appartiennent à la dernière classe, qu'on leur applique un soufflet peu violent et quelques chiquenaudes." Si le malheureux transgresseur de la loi est un paysan ou un juif, on doit lui appliquer la peine portée contre ceux qui recourent à la défense personnelle, tandisque les autres ne doivent être punis que „légèrement, si cela est possible".

La manière dont on cherchait à exclure le droit de défense quand il s'agissait d'une question de propriété, est pourtant encore ce qu'il y a de plus édifiant. La perte de la propriété disaient les uns, est exactement comme celle de l'honneur une perte réparable, on répare celle-là par la reivindicatio, et celle-ci par l'actio injuriarum. Mais si le voleur a pris la clef des champs, et s'il n'est pas plus connu que son domicile? Qu'importe répondent les savants, on a toujours la reivindicatio, et c'est seulement par suite de circonstances „fortuites et tout-à-fait indépendantes de la nature du droit de propriété que l'accusation ne mène pas toujours au but qu'on se propose." L'homme qui doit livrer sans résistance toute sa fortune qu'il porte en papiers sur lui, peut donc facilement se consoler; il garde toujours la propriété et le droit de reivindicatio, le voleur n'a que la possession réelle! D'autres permettent, quand il s'agit d'une somme très-considérable, d'employer la force, mais seulement à la dernière extrémité, et il va sans dire, que l'attaqué doit aussi dans ce cas, malgré la plus vive douleur, calculer scrupuleusement le degré de force nécessaire pour repousser l'agression. S'il lui arrivait en effet de briser inutilement le crâne de son adversaire, tandisqu'un autre, après en avoir préalablement étudié la dureté, aurait pu s'exercer ainsi à réduire le voleur à l'impuissance en lui appliquant un coup moins violent, il aurait à en répondre. Si un homme au contraire n'est exposé à perdre que des objets de moindre valeur, une montre en or par ex: ou une bourse ne contenant que quelques centaines de francs, il doit bien se garder de faire le moindre mal à celui qui l'attaque. Qu'est-ce en effet qu'une montre en comparaison du corps, de la vie et des membres sacrés d'un homme? L'un n'est-il pas un bien qu'on peut facilement remplacer, et l'autre une possession dont la perte est à jamais irréparable? C'est là une vérité que personne ne contestera, mais on oublie de remarquer, que la montre est à moi, et que les membres appartiennent au voleur. Sans doute ils ont pour lui une valeur inappréciable, mais ils n'en ont pour moi absolument aucune, et il me reste toujours à demander, qui me remplace ma montre?

Mais en voilà assez de ces folies et de ces travers de la science! Quelle profonde humiliation ne devons-nous pas ressentir, en voyant que cette pensée si simple, si juste, si conforme au vrai sentiment du droit, qui voit dans toute attaque, son objet ne fût-il qu'une montre, une atteinte à tout le droit de la personne et à la personnalité même, avait tellement disparu de la science, qu'elle pût élever le sacrifice du droit, la lâche fuite devant l'injustice à la hauteur d'un devoir! Pourrait-on s'étonner que la lâcheté et la souffrance apathique de l'injustice fussent le caractère de notre histoire nationale à une époque où la science osait émettre de pareilles doctrines? Félicitons-nous de vivre à une époque qui est tout autre. De pareilles théories sont aujourd'hui impossibles, elles ne peuvent grandir que dans le marais où se traîne une nation, qui est aussi pourrie au point de vue politique qu'au point de vue du droit

Cette doctrine de la lâcheté, de l'obligation de sacrifier le droit qu'on veut nous arracher, est le point de la science le plus en opposition avec la théorie que j'ai défendue, et qui fait au contraire du combat courageux pour le droit un stricte devoir. Un philosophe de nos jours, Herbart, a émis sur la base du droit une opinion qui n'est pas aussi fausse, mais qui se trouve néanmoins bien au dessous de cette hauteur idéale où s'élève l'homme dont le sentiment du droit est sain. Herbart découvre le fondement du droit dans cette cause esthétique: le déplaisir de la lutte. Je n'ai pas à démontrer ici combien cette thèse est insoutenable, et je suis heureux de pouvoir m'en référer aux écrits d'un de mes amis ici présent.*) Mais si on était autorisé à apprécier le droit à ce point de vue, je ne sais vraiment, si au lieu de faire consister ce que le droit nous offre de beau esthétique dans l'exclusion du combat, je ne le placerais pas plutôt dans son admission; et j'ai le courage d'émettre une opinion complètement opposée au principe de ce philosophe, en me reconnaissant franchement coupable d'aimer la lutte. Je n'entends certainement pas une logomachie, une lutte pour rien, mais ce noble combat dans lequel l'individu se sacrifie lui et toutes ses forces, po r la défense de son droit personnel ou de celui de la nation. Celui qui blâme en ce sens l'amour du combat, n'a plus qu'à rayer aussi toute notre littérature, et toute l'histoire des arts, depuis l'Iliade d'Homère et les oeuvres de sculpture des Grecs jusqu'à nos jours. C'est à peine en effet, s'il existe une matière qui eût eu pour la littérature et pour l'art une aussi grande force d'attraction que le combat et la guerre; or il faudrait maintenant chercher, celui dont le sentiment esthétique est plus mécontent que satisfait, en voyant ce développement suprême de la puissance humaine que la sculpture et la poésie ont glorifié dans l'un et dans l'autre.

Ce n'est pas toutefois l'esthétique, mais la morale qui doit nous dire ce qui est de la nature du droit ou ce qui s'en écarte; or loin de repousser le combat pour le droit, la morale en fait un devoir. Cet élément de la lutte et du combat que Herbart veut éliminer de l'idée du droit, est bien plutôt une partie intégrante et inséparable de sa nature. — Le combat est le travail éternel du droit. S'il est vrai de dire: Tu mangeras ton pain à la sueur de ton front; il ne l'est pas moins d'ajouter: C'est seulement en combattant que tu obtiendras ton droit. Du moment où le droit n'est plus prêt à combattre, il se sacrifie lui-même, car on peut lui appliquer la sentence du poète:

C'est le dernier mot de la sagesse:
Celui-là seul mérite la liberté et la vie,
Qui doit les gagner chaque jour.

---

*) Jules Glaser — Gesammte kleinere Schriften über Strafrecht, Civil- und Strafprocess — Vienne 1868. Mr. Glaser est actuellement Ministre de la Justice en Autriche.

Ratisbonne. — Imprimerie MANZ.

DU BOYS (Alb.), Ancien magistrat. — Histoire du droit criminel de l'Espagne. 1 vol. 8°. 1870. 8 fr.

— — Histoire du droit criminel de la France depuis le XVIème jusqu'au XIXème siècle, comparé avec celui de l'Italie, de l'Allemagne et de l'Angleterre. 2 vol. 8°. 1874. 15 fr.

FIORE (Pasquale), Professeur de droit des gens à l'Université de Pise. — Nouveau droit international public, suivant les besoins de la civilisation moderne, trad. de l'Italien, annoté, précédé d'une introduction historique et suivi d'une table analytique et alphabétique des matières, par S. Pradier Fodéré, directeur et Professeur de l'école des sciences politiques et administratives de Lima (Pérou), Chevalier de la légion d'honneur, officier d'académie etc. 2 vol. 8°. 15 fr.

— — Droit international privé ou principes pour résoudre les conflits entre les législations diverses en matière de droit civil et commercial, traduit de l'Italien, annoté et suivi d'un appendice de l'auteur comprenant le dernier état de la législation et de la jurisprudence par P. Pradier Fodéré. 1 vol. 8. 1875. 10 fr.

FLEURY (Cl.), Institution du droit Français, publiée pour la première fois par M. M. Ed. Laboulaye, membre de l'Institut et Rodolphe Dareste, avocat au conseil d'état et à la cour de Cassation. 1858. 2 vol. 6 fr.

HOFFMANN (J. B.), Procureur du roi à Malines. — Traité théorique et pratique des questions préjudicielles en matière répressive selon le droit français, précédé d'un exposé dans la même forme, de l'action publique et de l'action civile considérées séparement et dans leurs rapports mutuels. — Ouvrage adapté à la législation Belge, et contenant outre la doctrine de la jurisprudence française, un résumé méthodique et séparé de la législation Belge, de 1814 à 1864, sur les matières. 1867—1870. 3 vol. 8°. 12 fr.

KLUBER (J. L.), Droit des gens moderne de l'Europe avec un supplément contenant une bibliothèque choisie du droit des gens. 2ème édition revue, annotée et complétée par M. A. Ott. 1 vol. 8°. 8 fr.

— — Le même ouvrage. 1 vol. 18. 5 fr.

LIVINGSTON (Edward), Docteur ès lois, ancien secrétaire d'état et ancien ministre plénipotentiaire des Etats-Unis de l'Amérique septentrionale, associé étranger de l'académie des sciences morales et politiques de l'institut de France. Exposé d'un système de législation criminelle pour l'état de la Louisiane et pour les Etats-Unis d'Amérique, précédé d'une préface par Ch. Lucas, membre de l'Institut et d'unen otice historique par M. Mignet, secrétaire perpétuel de l'académie des sciences morales et politiques. 2 vol. 8°. 16 fr.

LE SELLYER (A. F.), *Avocat, docteur en droit*, ancien professeur de procédure criminelle et de législation criminelle à la faculté de droit de Paris. — Etudes historiques, théoriques et pratiques sur le droit criminel.

1ère partie: Traité de criminalité de pénalité et de responsabilité soit pénale, soit civile en matière de contraventions, de délits et de crimes. 2ème edition augmentée d'un supplément à la fin de chaque volume. 2 vol. 8°. 1874. 15 fr.

2ème partie: Traité de l'exercice et de l'extinction des actions publique et privée qui naissent des contraventions, des délits et des crimes. 2ème édition augmentée d'un supplément à la fin de chaque volume. 2 vol. 8°. 1874. 15 fr.

3ème partie: Traité de la compétence et de l'organisation des tribunaux chargés de la répression soit pénale, soit civile des contraventions, des délits et des crimes. 2 vol. 8°. (Sous presse pour paraître prochainement.)

LUCAS (M. Ch.). Membre de l'institut. — Le droit de légitime défense dans la pénalité et dans la guerre et les congrès scientifiques internationaux réclamés dans les trois réformes relatives au système pénitentiaire à l'abolition de la peine de mort et à la civilisation de la guerre avec une appendice, contenant les lettres adressées a Mr. Guizot, a M. le Cte Sclopis et a Mr. le Baron Von Holtzendorff. 1 vol. 8°. 1873. 3 fr.

LEROUX DE BRETAGNE (A.), Conseiller à la cour de Cassation, membre de la haute cour de justice. — Nouveau traité de la prescription en matière civile. 2 vol. 8°. 1869. 15 fr.

LAURENT, Professeur à l'Université de Gand. — Principes de droit civil. tomes 1 à 12. 108 fr.

Chaque volume se vend séparément: 9 fr.

Nota. L'ouvrage aura environ. 20 vol.

LEGOST (Ernest), Avocat. — Essai sur les effets juridiques des travaux de défense dans les rapports des particuliers avec l'État et entre eux. Mémoire couronné par la faculté de droit de Caen, comprenant l'étude de la loi du 7. Avril 1873 et l'examen critique de la jurisprudence la plus récente (mai 1873). 1 vol. 8°. 4 fr.

LA MAGISTRATURE et la politique. — Etude sur les projets de réforme judiciaire. 8°. 1874. 1 fr.

MORIN (Aen.), Conseiller à la cour de Cassation. De la discipline des cours et tribunaux du barreau et des corporations d'officiers publics. 3ème édition, revue, corrigée et considérablement augmentée. 1868. 2 vol. 8°. 16 fr.

MASSÉ (M. G.), conseiller à la cour de cassation. — Le droit commercial dans ses rapports avec le droit des gens et le droit civil, 3ème édition revue et augmentée. 4 vol. 8°. 36 fr.

MAYNZ (Ch.), Professeur de droit à l'université de Bruxelles. — Eléments de droit Romain. 3ème édition revue et augmentée. 3 vol. 8°. 30 fr.

FRÈRE ORBAN. La question monétaire. — Examen du système et des effets du double étalon suivant les idées de Emile de Lavelaye et réfutation des doctrines monétaires de Mr. Malou ministre des finances. 1 vol. 8°. 1874. 6 fr.

OLIVECRONA (K. d'), Conseiller à la cour suprême de justice du royaume de Suède etc. — De la peine de mort, avec un rapport à l'académie des sciences de M. Ch. Lucas, membre de l'institut. 1868. 8°. 5 fr.

PLOCQUE (Alf.), Docteur en droit, juge au tribunal de la Seine. — De la mer et de la navigation maritime. 1 vol. 8°. 7 fr. 50.

— — Des cours d'eau navigables et flottables. 1ère partie. 1 vol. 8°. 7 fr. 50.

PORTAL (le Bon Fr. de), Ancien maître des requêtes et conseiller d'État honoraire. — Politique des lois civiles ou science des législations comparées tome 1 et 2. 2 vol. 8°. 13 fr.

L'ouvrage complet aura. 3 vol.

RODIÈRE (A.), Professeur à la faculté de droit de Toulouse. — Les grands jurisconsultes. 1 vol. 8°. 1874. 7 fr. 50.

RIVIER (Alph.), Professeur à l'universite de Bruxelles. — Introduction historique au droit Romain, manuel programme pour servir aux cours universitaires et à l'étude privée, comprenant une chrestomathie élémentaire et quelques linéaments d'histoire littéraire et biographique. 1 vol. 8°. 1872. 11 fr.

SUMNER MAINE (H.), Professeur de droit à l'université d'Oxford. — l'Ancien droit considéré dans ses rapports avec l'histoire de la société primitive et avec les idées modernes, traduit sur la 4ème édition anglaise par J. G. Courcelle Seneuil. 1 vol. 8°. 1874. 7 fr. 50.

TESSIER (H.), Avocat près la cour d'appel de Bordeaux. Questions sur la dot. 1 vol. 8°. 3 fr. 50.

THONISSEN (J. J.), Professeur à l'université catholique de Louvain. — Mélanges d'histoire de droit et d'économie politique. 8°. 1873. 6 fr.

WILLEMS (P.), Professeur à l'université de Louvain. — Le droit public Romain depuis son origine jusqu'à Constantin le Grand ou les antiquités Romaines envisagées au point de vue des institutions politiques. 3ème édition. 1 vol. 8°. 1874. 9 fr.

WODLON (L.), Vice-président du tribunal de première instance de Namur. — Le droit des eaux et des cours d'eau. 2 vol. 8°. 14 fr.

YVERNÈS (E.), chef de bureau de la statistique et des casiers judiciaires au ministère de la justice de France. — De la récidive et du régime pénitentiaire en Europe. 1 vol. 8°. 1874. [illegible]

ZACCHARIA (Ch. Ed.), histoire du droit privé gréco Romain, traduit de l'allemand par Eug. Lauth docteur en droit, substitut. 1 vol. 8°. 3 fr.

— — Sa vie et ses oeuvres par Ch. Brocher, Professeur de droit civil. 8°. 1870. 3 fr. 50.

www.ingramcontent.com/pod-product-compliance
Ingram Content Group UK Ltd.
Pitfield, Milton Keynes, MK11 3LW, UK
UKHW031940260826
14628UKWH00004B/1760

9 782019 127398